Klara Kirschbaum

Escape-Rooms und Breakouts im Religionsunterricht

5 spannende Abenteuer zu den Themen Weltreligionen, die Bibel, Feste im Kirchenjahr, Jesus und Mose

Klara Kirschbaum studierte in Karlsruhe Lehramt für die Grundschule mit den Fächern Deutsch, Religion und Sachunterricht. Sie absolvierte das Referendariat an einer Grundschule in Köln und arbeitet seitdem in Hamburg.

Wir verwenden in unseren Werken eine genderneutrale Sprache, damit sich alle gleichermaßen angesprochen fühlen. Wenn keine neutrale Formulierung möglich ist, nennen wir die weibliche und die männliche Form. In Fällen, in denen wir aufgrund einer besseren Lesbarkeit nur ein Geschlecht nennen können, achten wir darauf, den unterschiedlichen Geschlechtsidentitäten gleichermaßen gerecht zu werden.

In diesem Werk sind nach dem MarkenG geschützte Marken und sonstige Kennzeichen für eine bessere Lesbarkeit nicht besonders kenntlich gemacht. Es kann also aus dem Fehlen eines entsprechenden Hinweises nicht geschlossen werden, dass es sich um einen freien Warennamen handelt.

2. Auflage 2025

AAP Lehrerwelt GmbH
Veritaskai 3
21079 Hamburg
Telefon: +49 (0) 40325083-040
E-Mail: info@lehrerwelt.de
Geschäftsführung: Andrea Fischer, Sandra Saghbazarian
USt-ID: DE 173 77 61 42
Register: AG Hamburg HRB/126335

Autorschaft:	Klara Kirschbaum
Covergestaltung:	TSA&B Werbeagentur, Hamburg
Coverillustration:	Julia Flasche
Illustrationen:	Julia Flasche (Hauptillustratorin), Corina Beurenmeister, Wibke Brandes, Gisela Fuhrmann, Kristina Klotz, Hendrik Kranenberg, Petra Lefin, Stefan Lucas, Nataly Meenen, Katharina Reichert-Scarborough, Oliver Wetterauer
Satz:	Typographie & Computer, Krefeld
Druck und Bindung:	Druckerei Joh. Walch GmbH & Co KG, Augsburg

ISBN: 978-3-403-20939-3
www.persen.de

INHALT

Einführung

Spielidee und Spielziel

Die kniffligen Rätsel der Escape-Room-Spiele, oder im Bildungskontext auch BreakoutEdu bzw. EduBreakout genannt, liegen im Trend. Sie bieten den Kindern nicht nur eine besondere Schulstunde, die Kombination aus Spaß und fachspezifischem Lernen bietet zudem ein großes Potenzial für den Fachunterricht.

Bei einem EduBreakout handelt es sich um ein Spiel, das in eine übergeordnete Erzählung eingebettet ist, die wiederum das Spielziel vorgibt. Es kann beispielsweise darum gehen, mit einem Zahlencode einen Tresor zu öffnen, einem Raum mithilfe eines Passwortes zu entkommen oder den richtigen Morsecode zu übermitteln. In einer vorgegebenen Zeit müssen die Spielenden versuchen, das Spielziel durch das Lösen von Rätseln zu erreichen.

Die Spiele basieren dabei auf Logicals, Suchseln, Quizfragen, Lückentexten, Kreuzworträtseln, Wahr-Falsch-Fragen, Multiple-Choice-Fragen u. v. m. Auch Informationsquellen wie QR-Codes mit Webseitenverweisen können zum Einsatz kommen. In allen Aufgaben sind dabei Inhaltselemente des Themas integriert. Fachliche Inhalte können in diesem spielerischen Rahmen erlernt, geübt oder wiederholt werden – auch ein fächerübergreifendes Lernen ist möglich.

Üblicherweise wird ein EduBreakout innerhalb einer kleinen Gruppe (4–6 Mitspielende in der Dauer von einer bis zwei Schulstunden gespielt.

Escape-Rooms erzählen immer auch eine Geschichte. Die Kinder... erfahren in dieser Rahmenhandlung, warum sie die Aufgaben lösen müssen und warum dies in einer bestimmten Zeit geschehen muss (z. B. „Innerhalb von 40 Minuten müsst ihr die Rätsel lösen und den Zahlencode eintippen, ansonsten verschließt sich die Tresortür für immer.“).

EduBreakouts in der Schule

Die Breakouts bieten nicht nur Abwechslung vom Schulalltag, es gibt eine Reihe von pädagogischen Gründen, die Escape-Room-Spiele im Unterricht einzusetzen.

- **Motivation:** Die Schülerinnen und Schüler werden durch den Einsatz der Rätsel neugierig auf das Unterrichtsthema und lösen mit vollem Eifer die kleinen Breakout-Szenarien. Inhalte werden somit auf spielerische und motivierende Weise vermittelt.
- **Förderung von Kommunikation und Kooperation:** Die Kinder arbeiten in Gruppen zusammen und lösen gemeinsam die Aufgaben. Dies fördert die Teambildung und trainiert die sozialen Kompetenzen der Schülerinnen und Schüler. Die Rätsel erfordern eine gute Kommunikation und Kooperation innerhalb der Gruppe. Jedes Kind bringt dabei seine individuellen Fähigkeiten und Fertigkeiten ein und der Zusammenhalt der Gruppe wird gestärkt.
- **Förderung von logischem Denken:** Durch die EduBreakouts werden die Kinder vor Probleme gestellt, die sie gemeinsam in der Gruppe lösen müssen. Dies trainiert die Problemlösefähigkeit und erfordert logisches Denken, denn nicht alle Lösungen sind sofort ersichtlich und verschiedene Ansätze bzw. Strategien sind nötig, um zum Ergebnis zu gelangen. Hier kann probiert, getestet, kreativ gedacht und getüftelt werden. Die Schülerinnen und Schülern lernen dabei, Aufgaben zu überdenken und verschiedene Lösungsansätze zu entwickeln.

Escape-Room-Spiele eignen sich sowohl zum Erlernen und Üben als auch Wiederholen von Unterrichtsinhalten. Die Breakouts können so gestaltet sein, dass sie nur gelöst werden können, wenn das Wissen der vergangenen Unterrichtsstunden angewandt wird. Die Kinder festigen so bereits gelernte Inhalte. Die Schülerinnen und Schüler können sich mithilfe der Rätsel jedoch auch neues Wissen aneignen.

Themenwahl

EduBreakouts können in nahezu allen Fächern und zu beinahe allen Themen eingesetzt werden. Neben dem Religionsunterricht bieten sie sich z. B. zu Themen der folgenden Fächer an:

- Deutschunterricht mit Themen wie Märchen, Fabeln, Textsorten, Wortarten, Satzglieder …
- Sachunterricht mit Themen wie Körper und Sinne, Naturphänomene, Feuerwehr, Wald …
- Mathematikunterricht mit Themen wie Geometrie, Sachrechnen, Größen, Grundrechenarten, Einmaleins …

Wie ein Klassenzimmer zum Escape Room wird

Die Klasse in einen Raum einzusperren, geht natürlich nicht. Arbeiten Sie daher mit verschiedenen Kisten und Truhen, die verschlossen werden können. Auch die Kopiervorlagen am Ende eines Breakouts können zur Veranschaulichung genutzt werden. Hierbei handelt es sich um Bildvorlagen von Schlössern, in die die Lösung (ein Zahlencode) eingetragen wird.

Sinnvoll ist es, die Klasse in Teams einzuteilen. Damit die Gruppen bunt gemischt sind, können Sie die Karten zur Gruppeneinteilung (s. Anhang) verwenden. Je nach Fähigkeiten der Schülerinnen und Schüler können den einzelnen Gruppenmitgliedern verschiedene Aufgaben zugeteilt werden: schreiben, Zeit im Blick haben, Material verwalten usw.

Der Klassenraum kann zudem mit passender Dekoration ausgestattet werden.

Breakout-Materialien

Folgende Materialien sollten für die Schülerinnen und Schüler bereitstehen:

- Rätselvorlagen in der Anzahl der Gruppen
- Belohnung für die fertigen Teams
- Karten zur Gruppeneinteilung
- Informationen für die Spielteams
- Urkunde für die fertigen Teams
- Scheren, Kleber und Stifte
- eine Stoppuhr, um die verbleibende Zeit anzuzeigen
- ggf. verschiedene Schlüssel und Schlösser sowie abschließbare Boxen
- ggf. Tablets bzw. Computer mit Internetzugang für die Recherche
- ggf. Requisiten zur stimmungsvollen Dekoration des Klassenraums

Reflexion des Breakouts

Folgende Fragen ermöglichen eine Reflexion im Anschluss an das Spiel:

- Wie haben wir in der Gruppe zusammengearbeitet?
- Was hat gut funktioniert?
- Was würden wir beim nächsten Spiel anders machen?
- Wie können wir beim nächsten Mal im Team besser zusammenarbeiten?
- Was haben wir gelernt?
- Welche Aufgaben waren leicht?
- Welche Aufgaben waren schwer?

Anleitung für die Lehrkraft

Hier finden Sie EduBreakouts für den Religionsunterricht. Die Spiele sind für Grundschulkinder der Klassen 3 und 4 konzipiert.

Die Anzahl der Rätsel bzw. die Aufgaben können beliebig reduziert oder erweitert werden. Dazu müssen lediglich die Eingabefelder beim Zahlenschloss sowie die Zeitangabe in der Geschichte angepasst werden.

Die einzelnen Breakouts sind wie folgt aufgebaut:

- Die kleinen Bastelaufgaben auf den Seiten „Belohnung" oder „Inhalt der Schatzkiste" können für die Schülerinnen und Schülern in einer Schatztruhe aufbewahrt werden, die mit einem echten Zahlenschloss verschlossen ist und den Gruppen zu Beginn zusammen mit dem ersten Rätsel überreicht wird. Die Belohnungen können den Kindern auch nach dem Überreichen des richtigen Lösungscodes zusammen mit der Urkunde übergeben werden.
- Die Geschichte zum Spiel wird zu Beginn der Unterrichtsstunde vorgelesen. Die Stelle, an der die Rahmenerzählung unterbrochen wird, ist markiert. Haben alle Gruppen die Rätsel gelöst und der Lehrkraft das Endergebnis genannt, wird das Ende der Geschichte vorgelesen.
- Die Rätsel werden in numerischer Reihenfolge ausgegeben. Zunächst erhält jede Gruppe die benötigten Materialien sowie das erste Rätsel. Haben Teams ein Rätsel gelöst, können sie die Lösungen sowie das Endergebnis von der Lehrkraft kontrollieren lassen und erhalten anschließend das nächste Rätsel.
- Vorbereitung der Rätsel:
  - Die Rätselmaterialien müssen für die Gruppen an den Trennlinien auseinandergeschnitten werden.
  - Beinhaltet ein EduBreakout eine Schatzkiste mit einem Zahlenschloss, muss diese vorab mit den Bastel- bzw. Belohnungsaufgaben in Gruppenstärke befüllt und ggf. mit weiteren Belohnungen ausgestattet werden.
  - Weitere notwendige Informationen werden in den entsprechenden Hinweisen zur Vorbereitung und Durchführung des EduBreakouts beschrieben.
- Tipps und Lösungen der Rätsel finden Sie jeweils am Ende des Breakouts. Kommt eine Gruppe während des Spiels nicht weiter, kann sie sich Tipps abholen oder Zwischenergebnisse kontrollieren lassen. Die Anzahl der genutzten Tipps kann für jedes Team von der Lehrkraft notiert werden.

Im Keller der Weltreligionen

Hinweise zur Vorbereitung und Durchführung

Die Gruppen erfahren durch die vorgelesene Geschichte, dass sie Rätsel zum Thema ***Weltreligionen*** im Team lösen müssen, um aus einem Museumskeller zu entkommen. Das Edu-Breakout umfasst insgesamt *acht Rätsel*.
Zur Belohnung erhält jedes Kind eine *Urkunde* und eine *Bastelvorlage für ein Weltreligionen-Mobile*. Für das Mobile benötigt jedes Kind *fünf Schnüre* sowie einen *Ast oder Kleiderbügel*, an dem die Bilder aufgehängt werden können.

Geschichte

Heute ist endlich der Schulausflug, auf den ihr euch schon lange gefreut habt. Ihr fahrt mit der Klasse zu der Ausstellung „Raum der Religionen", einer Art Museum, in dem man sich Themenkoffer ausleihen, mit Filmen, Bild- und Lernkarten arbeiten und zu den fünf Weltreligionen forschen kann. Nach einer langen Busfahrt seid ihr endlich an eurem Ziel angekommen. Die Ausstellung liegt in einem alten Gebäude, hohe Steinsäulen markieren den Eingang. Ihr betretet den Korridor. Eine große Treppe liegt vor euch, riesige Fenster von der Decke bis zum Boden machen den Raum noch imposanter. Eure Lehrkraft teilt euch mit, dass ihr in der kommenden Stunde eigenständig die Ausstellung erforschen dürft. Anschließend soll sich die gesamte Klasse wieder am Eingang einfinden. Schnell geht ihr durch die Gänge des alten Gebäudes. Eine kleine Gruppe von euch findet eine Treppe, die in den dunklen Keller führt. Sollt ihr dort hinunter? Mutig entscheidet ihr, dass ihr abwärts gehen und schauen wollt, welche spannenden Materialien es dort gibt. Am Fuße der Treppe findet ihr eine große, eiserne Tür. Sie ist nur angelehnt. Vorsichtig betretet ihr den Raum. Es ist stockdunkel. Ihr gewöhnt euch nur langsam an die Dunkelheit. Plötzlich fällt hinter euch die Tür mit einem lauten RUMS zu. Jetzt könnt ihr wirklich gar nichts mehr sehen. Vorsichtig tastet ihr euch zurück zur Tür. Einer von euch findet zum Glück einen Lichtschalter. Ihr ruckelt heftig an der Tür und versucht, sie zu öffnen – keine Chance, sie ist fest verschlossen. Neben der Tür findet ihr ein Eingabefeld für einen Nummerncode und einen kleinen Zettel mit diesen Sätzen:

Die Tür ist verschlossen? Nur mithilfe eines 4-stelligen Codes könnt ihr sie öffnen. Dafür habe ich euch acht Rätsel zu den Weltreligionen hinterlassen. Löst ihr sie richtig, bekommt ihr den Türcode. Ich wünsche euch viel Erfolg – und den braucht ihr auch, denn hier herunter kommt selten jemand ...

Ihr müsst euch beeilen. In weniger als einer Stunde sollt ihr wieder am Eingang des Museums auf eure Klassenkameraden treffen.

Ende der Geschichte

Mit zittrigen Fingern gebt ihr den Code ein. Und da: Das Licht am Eingabefeld leuchtet grün und die Tür öffnet sich. Ihr seid frei! Schnell geht ihr zu eurer Klasse zurück. Das war genug Abenteuer für einen Tag.

Weltreligionen-Mobile

- Male die Bilder an.
- Schneide die Kreise aus.
- Nimm dir für jede Weltreligion eine Schnur.
- Klebe an jede Schnur passende Bilder zu der Religion.
- Suche dir einen Stock und knote die Schnüre nebeneinander daran fest.

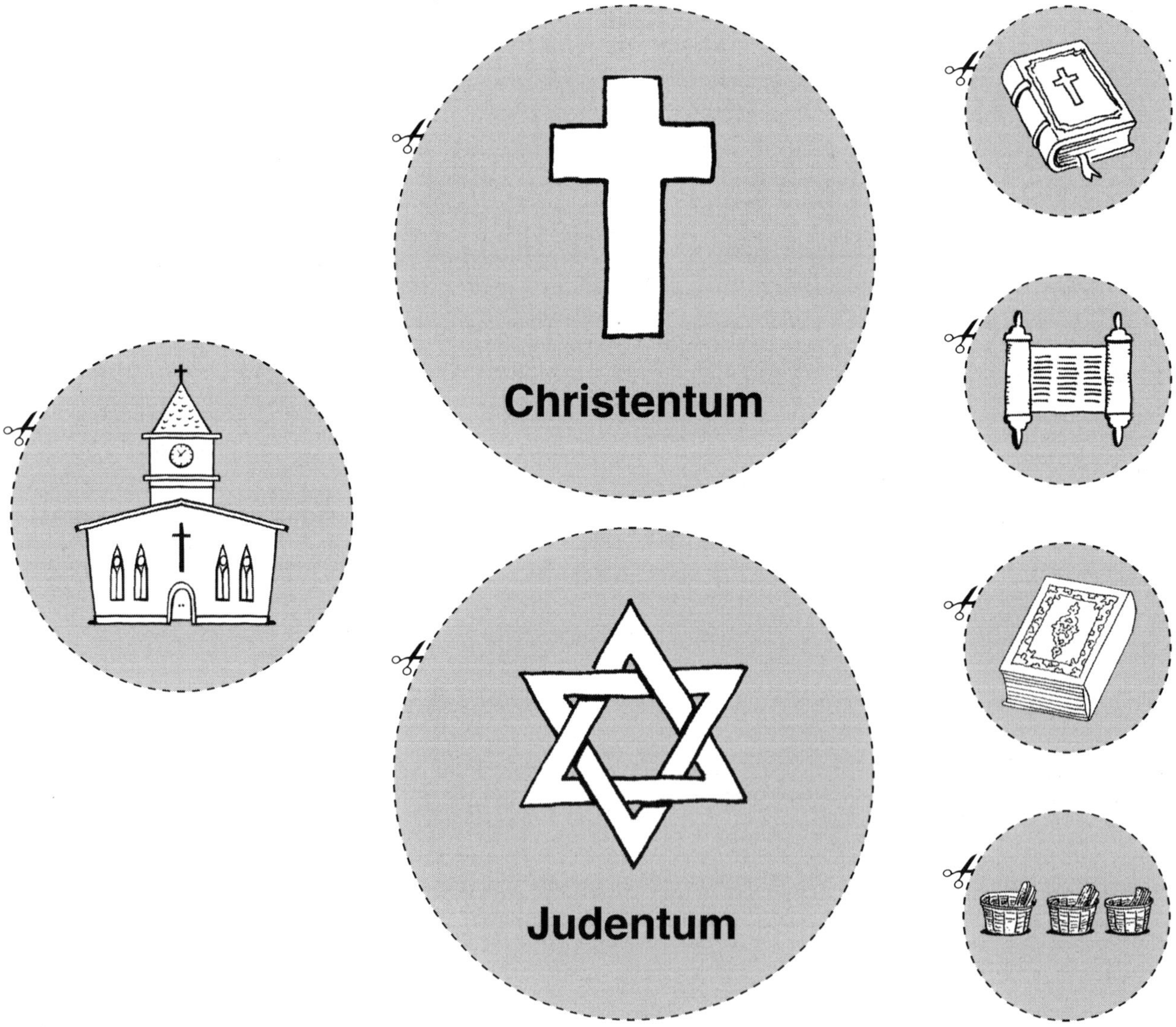

Christentum

Judentum

Islam

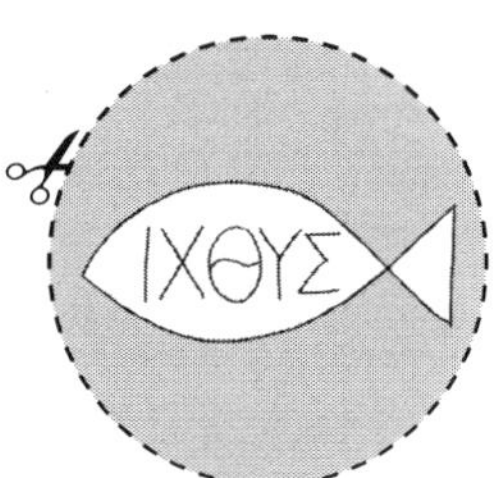
ΙΧΘΥΣ

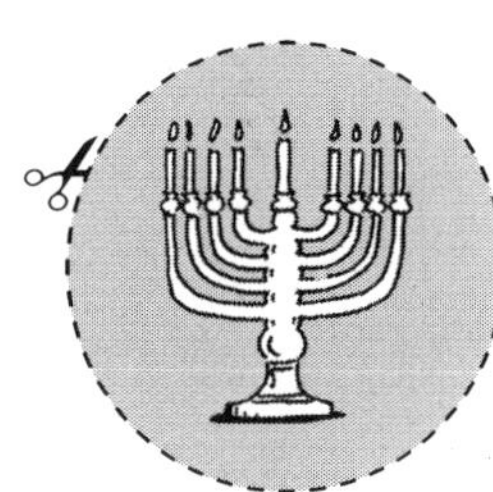

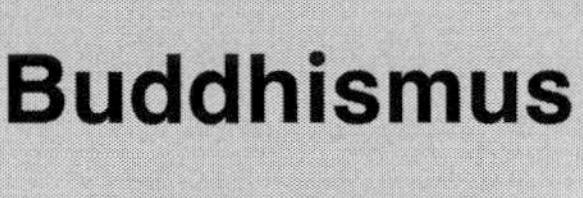
Buddhismus

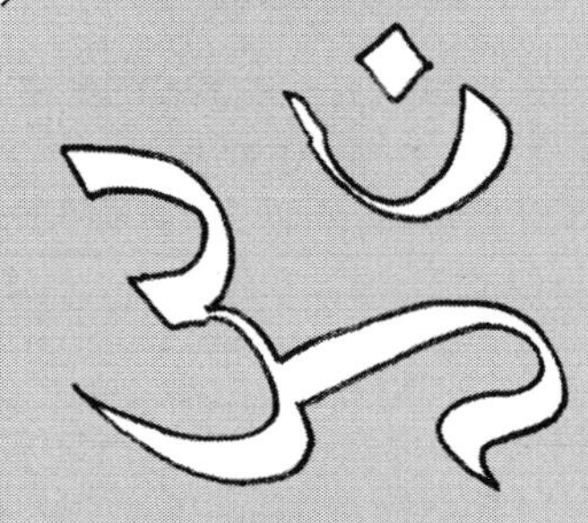

Hinduismus

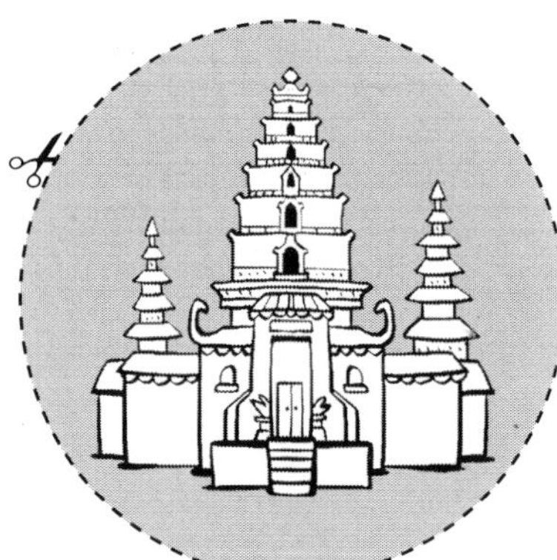

Schaut euch den Innenraum der Kirche an.
Die Beschriftung der Gegenstände fehlt.
Wie könntet ihr die erste Ziffer des Türcodes knacken?

Die Lösungsziffer für den Türcode: 

RÄTSEL 1

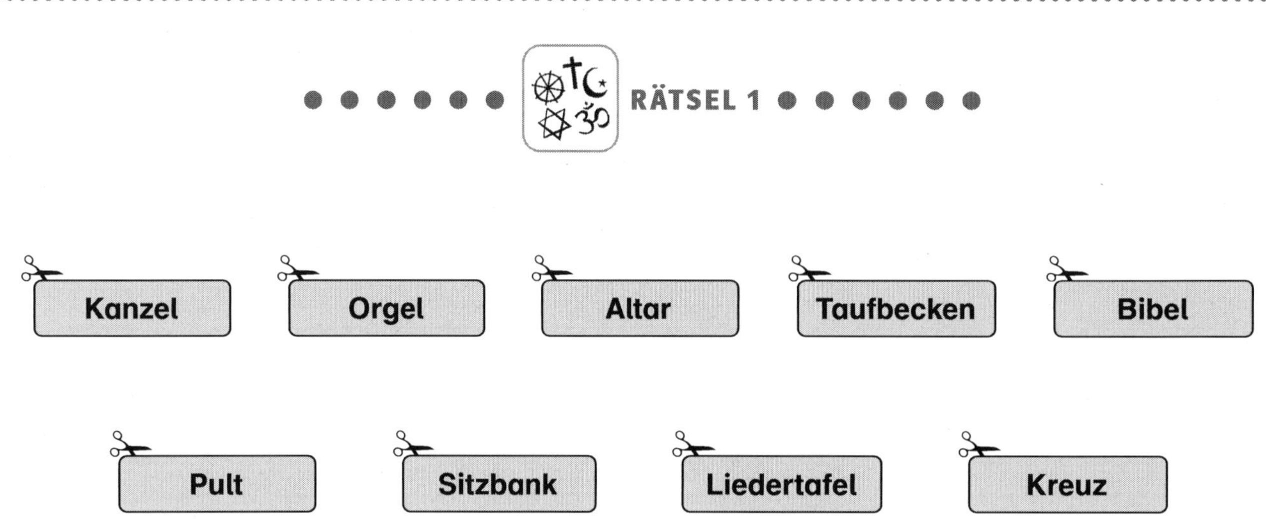

Verbinde in dieser Reihenfolge:

- Das Instrument mit Pfeifen aus Holz und Metall.
- Der kleine Balkon, der seitlich vom Altarraum hängt.
- Die kleine Tafel, die angibt, welche Lieder gesungen werden.
- Der Tisch, auf dem die Bibel und andere Gegenstände Platz finden.
- Das Zeichen für das Leiden Jesu.
- Das große Gefäß aus Stein, in dem Wasser für den Täufling enthalten ist.
- Der Ort, von dem der Pfarrer aus der Bibel vorliest und die Predigt hält.
- Der Ort, an dem die Gemeinde beim Gottesdienst sitzt.
- Die Heilige Schrift der Christen.

Auf der Welt gibt es unterschiedliche christliche Bekenntnisgemeinschaften. Man nennt diese Konfessionen. In Deutschland leben hauptsächlich katholische und evangelische Christen. Die evangelischen Christen nennt man auch Protestanten. Katholiken und Protestanten haben viele Gemeinsamkeiten, aber auch Unterschiede.

Schneidet die Karten aus. Sortiert sie in die Tabelle.
Was fällt euch auf?

Die Lösungsziffer für den Türcode: 

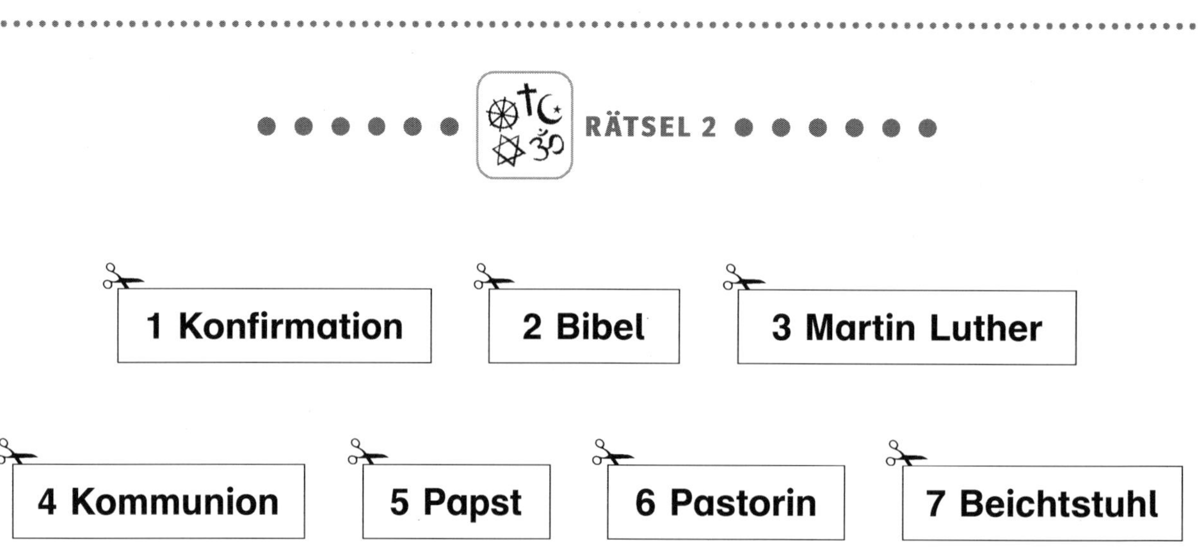

katholisch	evangelisch

Schaut euch die Kärtchen an.
Welche Karten gehören zusammen?

Die Lösungsziffer für den Türcode: 

Nr.	Text	Buchstabe
1	Eine Kippa ist eine kleine Kappe, die männliche Besucher einer Synagoge auf dem Kopf tragen. Sie zeigen damit ihre Bescheidenheit und Ehrfurcht vor Gott.	B
2	Das Wort Menora bedeutet Leuchter. Die Menora ist ein siebenarmiger Leuchter. Jeder Arm steht für einen Tag der Schöpfung. Der Ruhetag bildet den siebten Arm. Die Menora stellt die Anwesenheit Gottes dar. Sie ist in jeder Synagoge zu finden.	N
3	Der Tallit ist ein rechteckiger Gebetsmantel aus weißer Wolle, Baumwolle oder Seide. Er hat an den Seiten schwarze oder blaue Streifen und Fransen an den Ecken. Der Tallit wird von jüdischen Männern zum Morgengebet getragen.	E
4	Gelehrte und religiöse Lehrer im Judentum werden Rabbiner (Rabbi) genannt. Sie unterrichten Kinder und Jugendliche oder helfen Gemeindemitgliedern. Manchmal leiten sie auch einen Gottesdienst.	E
5	Die jüdische Bibel besteht aus drei Teilen. Die Tora ist ein Teil davon. Sie ist eine Rolle aus Pergamentblättern. Die Tora ist in hebräischer Sprache geschrieben. Sie enthält die fünf Bücher Mose.	S
6	Die Torarollen werden im Toraschrein aufbewahrt. Dieser Schrank steht in jeder Synagoge immer auf der Seite, die nach Osten, Richtung Jerusalem, zeigt.	I

Lest euch den Text genau durch.
Fällt euch etwas auf?

Die Lösungsziffer für den Türcode: 

Feste im Judentum

Eines der wichtigsten Feste im Jude**n**tum ist das Pessachfest. Es wird auch Fest der Freiheit genannt und dauert sieben Tage lang. Es erinnert an den Auszug der Israeliten aus Ägypten und an das Ende der Sklaverei. Jüdische Familien halten sich während der Feier an strenge Regeln. Das Haus muss vor dem F**e**st gründlich gereinigt werden und es dürfen während des Pessac**h**festes nur ungesäuerte Speisen gegessen werden. Besonders bekannt sind die ungesäuerten Brote, die Mazzen. Sie erinnern daran, dass die Juden bei ihrer Flucht keine Zeit hatten, nor**m**ales Brot zu backen.

Im September bzw. Ok**t**ober beginnt das Jahr der Juden. Das Fest Sukkot erinnert an den Auszug aus Ägypten und die 40-jährige Wan**d**erung durch die Wüste. Es wird auch Laubhüttenfest genannt und dauert sieben Tage. Für die Festtage werden Laubhütten ohne festes Dach gebaut. Hier wohnt man sieben Tage unter freiem Himmel. Die Juden wollen sich dessen bewusst werden, dass Gottes Schutz viel bedeutsamer ist als der Schutz **e**ines Hauses.

Acht Tage lang wird das Fest Chanukka gefeiert. Es erinnert an ein Wunder. Vor m**e**hr als 2000 Jahren wurde geweihtes Öl für einen Tempelle**u**chter in Jerusalem gebraucht. Das vorhandene Öl reichte nur für einen einzigen Tag, aber wie durch ein Wunder brannten die Lichter am Chanukkaleuchter acht Tage lang. Heute wird bei dem Fest acht Tage lang jede**n** Tag ein Licht am Leuchter angezündet.

Lest euch die Texte durch.
Was verraten euch die Antworten?

Die Lösungsziffer für den Türcode: 

Wie heißt der Turm der Moschee?

- Minarett **E**
- Muezzin **I**
- Mekka **U**

Was macht das Wort Allah deutlich?

- Gott kann man grenzenlos vertrauen. **T**
- Es gibt nur einen Gott. **H**
- Es gibt mehrere Götter. **L**

Was bedeutet das Wort „Koran"?

- das Gesungene **R**
- das Getanzte **N**
- das Vorzulesende **S**

Was bedeutet das Wort „Moschee"?

- Ort der Versammlung **P**
- Ort der Niederwerfung **S**
- Ort des Gebets **T**

Woran erinnert das Opferfest der Muslime? Dass…

- alle Menschen gleich sind. **H**
- sie fünfmal täglich beten sollen. **K**
- sie Gott grenzenlos vertrauen können. **C**

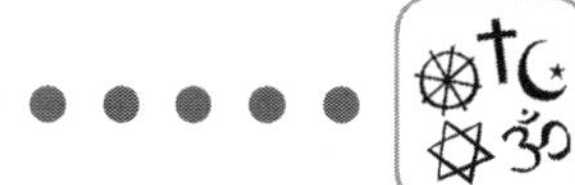

RÄTSEL 5

Die Moschee

Das Gebetshaus des Islams ist die Moschee. Das Wort bedeutet übersetzt „Ort der Niederwerfung“. Fünfmal täglich werfen sich die Muslime vor Gott nieder. Man trifft sich in der Moschee aber nicht nur zum Beten – es ist auch ein Ort zum Lernen, Diskutieren und Plaudern. Eine Moschee erkennt man häufig an ihrem Turm, dem Minarett. Über einen Lautsprecher ruft der Muezzin zu den Gebeten. Der Boden ist mit Teppichen ausgelegt. Frauen und Männer sitzen getrennt voneinander.

Der Koran

Die Botschaft von Allah ist der Koran – dem Propheten Mohammed wurde sie vom Erzengel Gabriel verkündet. Der Koran besteht aus 114 Kapiteln. Sie werden auch Suren genannt. Jede Sure ist in Verse unterteilt. Die Sprache des Koran ist Arabisch. Koran bedeutet „das Vorzulesende“. Für das Vortragen der Suren gibt es eigene Regeln – sie werden ganz besonders vorgetragen, es klingt fast wie Musik und hört sich sehr schön an. Im Koran gibt es Gebote und Regeln für die Menschen. Der Koran berichtet auch über die Schöpfung und beschreibt, wie Allah ist.

Feste im Islam

Der wichtigste Feiertag im Islam ist das Opferfest. Das arabische Wort für Opferfest ist Eid al-Adha. Es dauert vier Tage und ist Teil der Pilgerfahrt nach Mekka. Das Fest ruft zur Hilfsbereitschaft auf und erinnert Muslime daran, dass sie Gott grenzenlos vertrauen können.
30 Tage verzichten Muslime während des Fastenmonats Ramadan auf Essen und Trinken zwischen der Morgendämmerung und dem Sonnenuntergang. Sie bemühen sich in der Zeit, anderen Menschen zu helfen, und lesen mehr im Koran als sonst. Muslime denken in dieser Zeit über ihr Leben und Verhalten nach. Das Fastenbrechen wird Ramadanfest oder Zuckerfest genannt. Auf Arabisch heißt es Eid al-Fitr.

Allah

Allah ist das arabische Wort für Gott. Das Wort setzt sich aus „al“ und „lah“ zusammen. „Al“ ist der Artikel, „lah“ beutet Gott oder auch Gottheit. Das Wort „Allah“ bedeutet also „der Gott“ und macht deutlich, dass es nur einen Gott gibt.

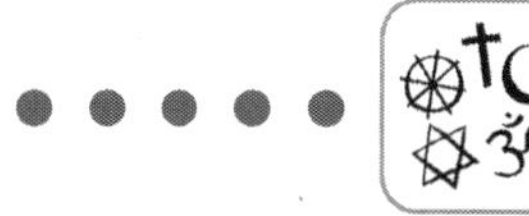

RÄTSEL 6

Befüllt die Tabelle.
Wo versteckt sich die Ziffer für den Türcode?

Die Lösungsziffer für den Türcode: 

RÄTSEL 6

	Christentum	Judentum	Islam
Gotteshaus			
Heilige Schrift			
Fest			
Gegenstand			
Gott			

RÄTSEL 6

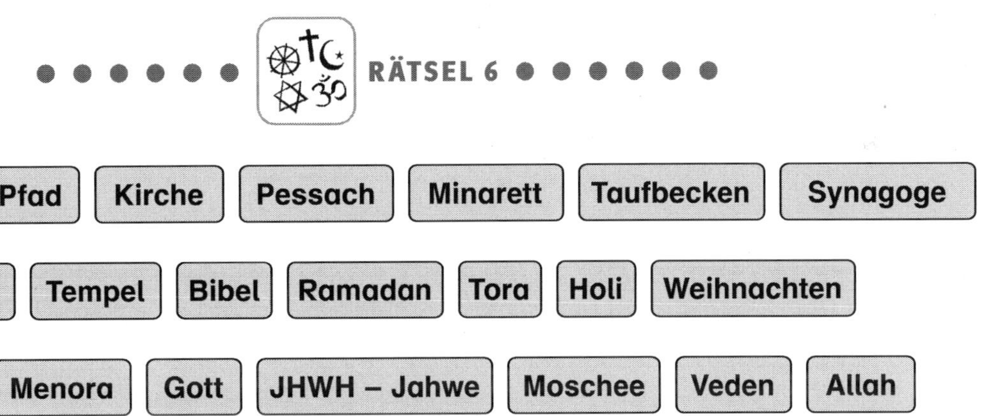

Der achtfache Pfad | **Kirche** | **Pessach** | **Minarett** | **Taufbecken** | **Synagoge**

Koran | **Tempel** | **Bibel** | **Ramadan** | **Tora** | **Holi** | **Weihnachten**

Buddha | **Menora** | **Gott** | **JHWH – Jahwe** | **Moschee** | **Veden** | **Allah**

RÄTSEL 6

- Koran
- Gotteshaus der Christen
- Pessach
- Fastenmonat im Islam
- Allah
- Gott
- Name Gottes im Judentum
- Moschee
- Turm der Moschee
- Synagoge

RÄTSEL 7

Hindus glauben nicht nur an einen Gott. Im Hinduismus gibt es viele verschiedene Göttinnen und Götter. Das nennt man Polytheismus.

Tragt die richtigen Wörter ein:

1	2	3	gibt es?

Die Lösungsziffer für den Türcode:

RÄTSEL 7

Brahma wird häufig mit vier Köpfen dargestellt. Die Köpfe zeigen in die verschiedenen Himmelsrichtungen. Er ist der Schöpfer. Die Heiligen Schriften, die Veden, hält er in seiner Hand.	Ganesha ist der Sohn des Gottes Shiva und der Göttin Parvati. Er gilt als Überbringer des Glücks und Beseitiger von Hindernissen. Er ist aber auch der Gott der Weisheit. Man erkennt Ganesha an seinem Elefantenkopf. Er hat viele Arme. In seinen Händen hält er verschiedene Gegenstände: ein Beil, ein Seil, eine Blume und eine Süßspeise.
Shiva ist der Gott der Gegensätze. Mal ist er mild und freundlich – der Gott der Erneuerung. Mal bringt er Schrecken – der Gott der Zerstörung. In seinen Händen hält er eine Trommel und einen Dreizack. Er hat vier Arme und drei Augen.	Sarasvati ist eine indische Göttin. Sie wird auch die „Redegewandte" genannt. Sie ist die Göttin der Musik, der Wissenschaft und der Sprache. Sie hat vier Arme und spielt ein besonderes Saiteninstrument – die Vina. Eine Vina sieht aus wie ein birnenförmiger Körper mit einem langen Hals. In den anderen Händen hält sie ein Buch aus Palmblättern und einen Rosenkranz.

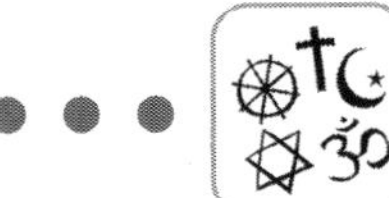

RÄTSEL 7

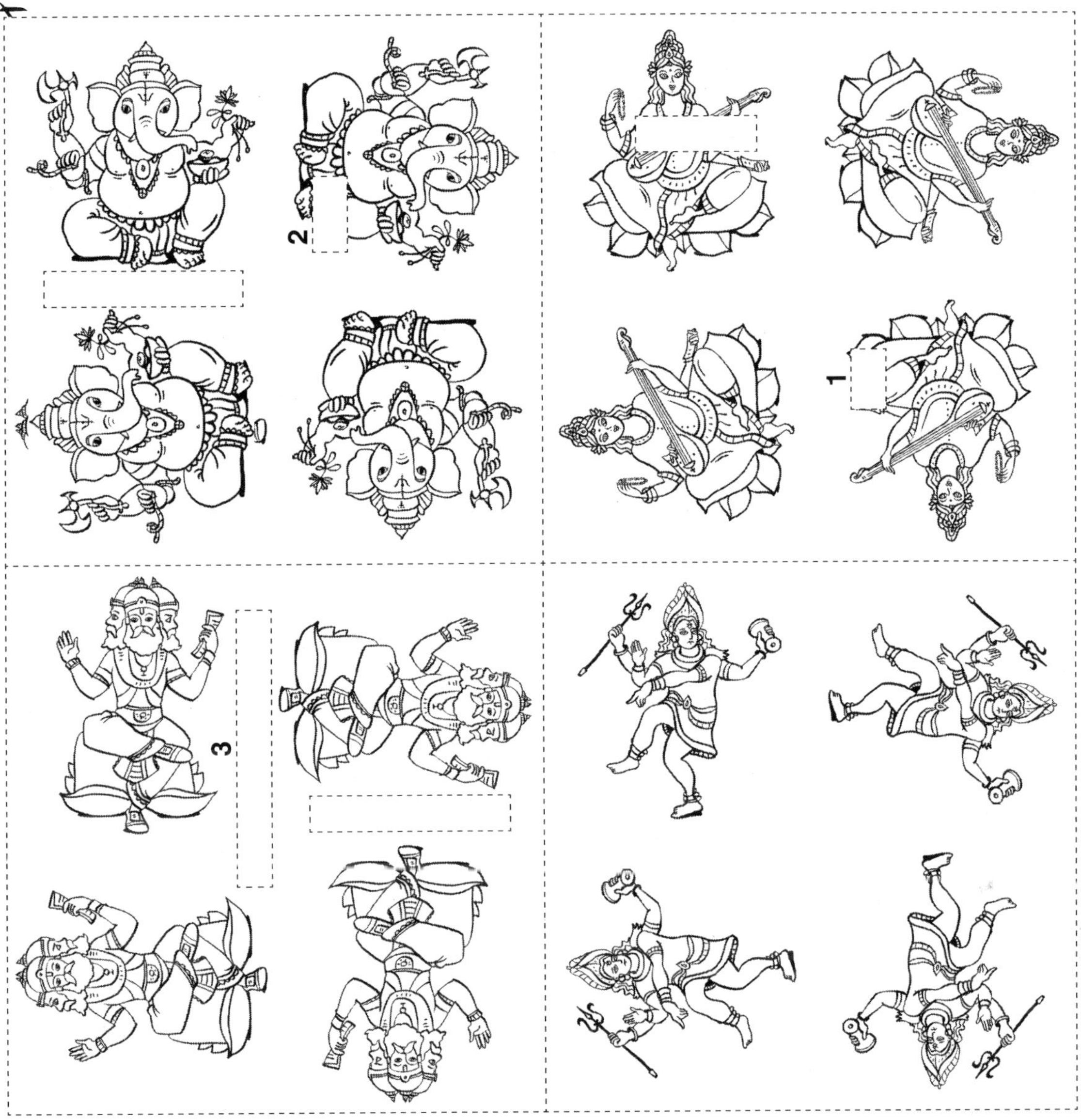

RÄTSEL 8

Lest euch den Text durch.
Entschlüsselt den Code.

Die Lösungsziffer für den Türcode:

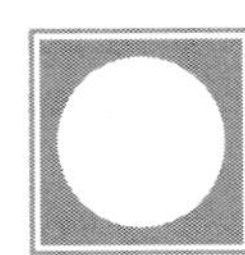

RÄTSEL 8

Der Buddhismus

Der Buddhismus ist eine der fünf Weltreligionen. Buddhismus ist die Lehre von Siddharta Gautama. Vor mehr als 2500 Jahren kam er als Hindu in Nordindien zur Welt. Er soll der erste Buddha gewesen sein, daher ist er für Buddhisten ein großes Vorbild. Buddha bedeutet, dass ein Mensch erleuchtet ist. Er versteht alle Dinge im Universum und erkennt das Leben, wie es wirklich ist.

Siddharta Gautama war der Sohn eines mächtigen und reichen Fürsten. Siddharta machte sich viele Gedanken über die schlechten Seiten des Lebens, nachdem er bei einer Ausfahrt mit der Kutsche einen alten, einen kranken und einen toten Mann sah. Eines Tages begegnete er einem Mönch, der zufrieden aussah. Da beschloss Siddharta, auch Mönch zu werden. Er zog umher und fragte nach dem Sinn des Lebens. Er wollte das Leid in der Welt überwinden. Er fastete, bis er schwach war, und schlief im Freien. Doch es brachte ihm keine Antwort. Da setzte er sich unter einen Feigenbaum und meditierte. In dieser Nacht fand er die Antworten und erlangte die Erleuchtung. So wurde Siddharta zum Buddha. Seine Weisheiten gab er an die Menschen weiter.

Alle Buddhisten finden die Lebensregeln in einem Edlen Achtfachen Pfad. Wer sich an die Regeln hält, findet sein Glück im Nirwana. Wer sich nicht an die Regeln hält, wird nach seinem Tod in einem anderen Körper wiedergeboren.

Was es mit den Regeln auf sich hat, kannst du hier nachlesen:

www.auerbase.de/get-link/551

RÄTSEL 8

2/19 4/5 5/18 6/11 7/8

11/6 13/13 14/17

14/33 16/5 18/19 19/10

TÜRSCHLOSS

Ihr habt nun acht Lösungsziffern.

Subtrahiert die ersten vier Ziffern von den letzten vier Ziffern.

So bekommt ihr die Zahlen für den Türcode.

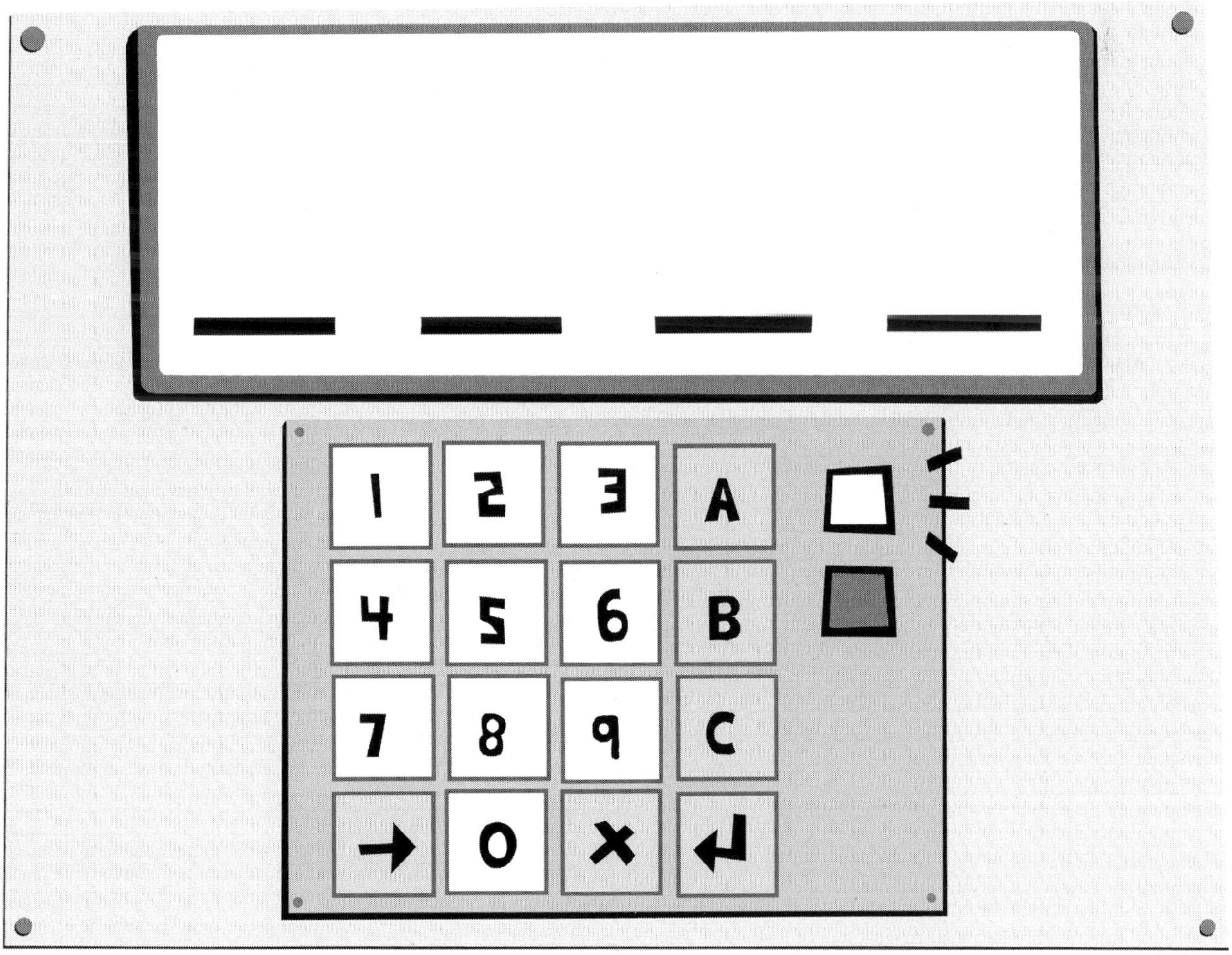

Rätsel 1

Tipps:

- Schneidet die Begriffe aus und klebt sie an die passende Stelle.
- Ihr seid euch nicht sicher? Ihr könnt zum Beispiel hier schauen: www.auerbase.de/get-link/552
- Der Zettel mit dem Stift gibt an, in welcher Reihenfolge ihr die Begriffe verbinden sollt.

Zwischenergebnis:

Lösungszahl: 5.
Sie ergibt sich aus der Form der Verbindungslinie.

Rätsel 2

Tipps:

- Eine Karte gehört nicht in die Tabelle. Sie ist wichtig für beide Konfessionen.
- Martin Luther gehört in die Spalte evangelisch.
  Durch seine 95 Thesen wollte er die katholische Kirche ändern. Da seine Ideen nicht alle gut fanden, gründete er eine neue Glaubensgemeinschaft, die evangelisch-lutherische Kirche.

Zwischenergebnis:

katholisch	evangelisch
Kommunion	Konfirmation
Papst	Martin Luther
Beichtstuhl	Pastorin

Lösungszahl: 2.
Sie ergibt sich aus der übrig gebliebenen Karte „Bibel“ mit der Nummer 2.

Rätsel 3

Tipps:

- Ihr seid euch nicht sicher? Ihr könnt zum Beispiel hier schauen:
  www.auerbase.de/get-link/552
- Auf den Texten und Bildkarten sind Ziffern und Buchstaben abgebildet.
- Die Ziffern geben an, in welcher Reihenfolge die Buchstaben gelesen werden sollen.

Zwischenergebnis:
1 = S
2 = I
3 = E
4 = B
5 = E
6 = N

Lösungszahl: 7.
Liest man die Buchstaben in der richtigen Reihenfolge, ergeben sie das Wort SIEBEN.

Rätsel 4

Tipps:

- Sehen alle Buchstaben gleich aus? Schaut genau.
- Schreibt Buchstaben, die anders aussehen, auf die Schreiblinie.

Zwischenergebnis:

Die Buchstaben ergeben den Satz: Nehmt die Neun.

Lösungszahl: 9

Rätsel 5

Tipp:

Sortiert die Buchstaben der richtigen Antworten, sodass sie ein Wort ergeben.

Zwischenergebnis:

1. Was bedeutet das Wort „Moschee"?
   Ort der Niederwerfung **S**

2. Wie heißt der Turm der Moschee?
   Minarett **E**

3. Woran erinnert das Opferfest der Muslime? Dass …
   sie Gott grenzenlos vertrauen können. **C**

4. Was macht das Wort Allah deutlich?
   Es gibt nur einen Gott. **H**

5. Was bedeutet das Wort „Koran"?
   das Vorzulesende **S**

Lösungszahl: 6.
Liest man die Buchstaben der richtigen Antworten, ergeben sie das Wort SECHS.

Rätsel 6

Tipps:

- Schreibt die Begriffe an die passende Stelle in der Tabelle.
- Ihr seid euch nicht sicher? Ihr könnt zum Beispiel hier schauen: www.auerbase.de/get-link/552
- Malt die Felder mit passenden Begriffen vom Zettel in der Tabelle an.

Zwischenergebnis:

	Christentum	Judentum	Islam
Gotteshaus	Kirche	Synagoge	Moschee
Heilige Schrift	Bibel	Tora	Koran
Fest	Weihnachten	Pessach	Ramadan
Gegenstand	Taufbecken	Menora	Minarett
Gott	Gott	JHWE – Jahwe	Allah

Lösungszahl: 3.
Sie ergibt sich aus den richtig ausgemalten Feldern der Tabelle.

Rätsel 7

Tipps:

- Schaut euch die Bilder auf der Schablone an.
  Welches Bild passt zu welchem Text?
  Wie muss die Schablone auf die Lesetexte gelegt werden?
- Einen Gott kann man besonders gut an seinem Elefantenkopf erkennen.
- Ihr seid euch nicht sicher? Ihr könnt zum Beispiel hier schauen: www.auerbase.de/get-link/552

Zwischenergebnis:

- Wenn die Schablone richtig auf den Lesetext gelegt ist, werden drei Wörter sichtbar.
- Die kleinen Zahlen geben an, in welcher Reihenfolge die Wörter geschrieben werden sollen: Wie (1) viele (2) Himmelsrichtungen (3)
- Die Frage mit den gefundenen Worten lautet: „Wie viele Himmelsrichtungen gibt es?"

Lösungszahl: 4.
Sie ergibt sich aus der Beantwortung der Frage. Es gibt vier Himmelsrichtungen: Norden, Osten, Süden und Westen.

Rätsel 8

Tipps:

- Die kleine Ziffer vor der ersten Zeile gibt den ersten Hinweis.
- Die erste Zahl steht immer für die Zeile.
- Die zweite Zahl steht immer für den Buchstaben.
- 2/5 bedeutet zum Beispiel: 5. Buchstabe in der 2. Zeile.

Zwischenergebnis:

2/19 = N	4/5 = e	5/18 = h	6/11 = m	7/8 = t
11/6 = d	13/13 = i	14/17 = e		
14/33 = A	16/5 = c	18/19 = h	19/10 = t	

Lösungszahl: 8.
Sie ergibt sich aus dem entschlüsselten Satz: Nehmt die Acht.

Türschloss

Die Ziffern für den Code:

5 2 7 9 6 3 4 8

Rechnung:

6348 – 5279 = 1069

Der Code für das Türschloss lautet:

1069

Bibelforscher in der Falle

Hinweise zur Vorbereitung und Durchführung:

Die Gruppen erfahren durch die vorgelesene Geschichte, dass sie Rätsel zum Thema ***Bibel*** im Team lösen müssen, um aus dem Bibliotheksraum zu entkommen, in dem sie eingesperrt sind. Das EduBreakout umfasst insgesamt *acht Rätsel*.
Zur Belohnung erhält jedes Kind eine *Urkunde* und Bilder von biblischen Geschichten, die zu einem *Filmstreifen für einen kleinen Fernsehbildschirm* zusammengeklebt werden können. Außerdem empfiehlt es sich, für die Kinder mehrere und auch verschiedene Bibeln (z. B. Kinder- und Jugendbibeln) zur Recherche bereitzulegen.

Geschichte

In einer kleinen Gruppe seid ihr heute unterwegs zur Bibliothek. Ihr sollt im Religionsunterricht ein Referat über die Bibel halten und wollt euch dort ein paar Bücher ausleihen. Am Eingang fragt ihr nach, wo ihr passende Bücher zum Thema findet. Die Dame am Empfang erklärt euch den umständlichen Weg. Ob ihr euch den merken könnt? Als ihr losgehen wollt, ruft sie euch noch hinterher, dass die Bibliothek heute früher schließt und ihr euch beeilen müsst: Sie ist nur noch eine Stunde geöffnet. Ihr lauft los und habt nach ein paar Minuten das Gefühl, dass ihr euch verlaufen habt. Dieser Bereich der Bibliothek scheint menschenleer zu sein ... Wie unheimlich! Da entdeckt ihr über einer Tür die Aufschrift ***„Seltene Bibeln. Zutritt verboten"*** – Na, wenn das nicht genau das Richtige ist. Trotz des Schildes öffnet ihr neugierig die schwere Tür. Ihr betretet den Raum und lasst die Tür mit einem lauten RUMS zufallen. Der Raum ist düster und kalt. In ihm befinden sich Glaskästen, in denen alte Bibeln sind. Nein, hier könnt ihr doch nicht recherchieren. Ihr wollt den Raum verlassen, als euch auffällt, dass die Tür geschlossen ist. Mit aller Kraft zieht ihr daran – vergeblich. Sie bleibt verschlossen. Auf dem Boden findet ihr einen Zettel.

Ihr seid verbotenerweise in den Raum gegangen und nun ist die Tür verschlossen? Nur mithilfe eines 4-stelligen Codes könnt ihr die Tür öffnen. Dafür habe ich euch Bibelrätsel hinterlassen. Löst ihr sie richtig, bekommt ihr den Türcode. Ich wünsche euch viel Erfolg – und den braucht ihr auch, denn diesen Raum betritt selten jemand.

Ihr müsst euch beeilen, denn übernachten wollt ihr hier auf keinen Fall.

Ende der Geschichte

Schnell gebt ihr den Code ein. Puh! Das Licht am Eingabefeld leuchtet grün und die Tür öffnet sich mit einem leisen KLICK. Endlich seid ihr frei! Schnell geht ihr aus der Bibliothek heraus. Was für ein Abenteuer!

Bibel-Filmstreifen

- Schneide die Filmstreifen aus.
- Male die Bilder an.
- Welche Geschichten aus der Bibel zeigen sie?
- Schreibe passende Überschriften.
- Klebe die Filmstreifen zusammen.
- Schneide den Fernsehbildschirm aus und klebe ihn zusammen.
- Schiebe den Filmstreifen durch den Bildschirm.

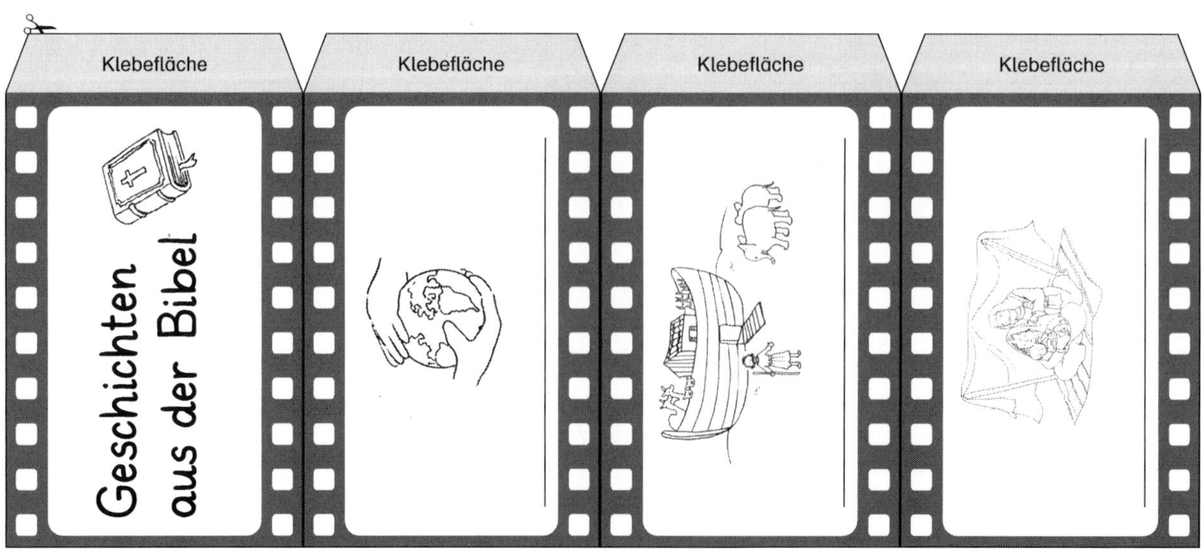

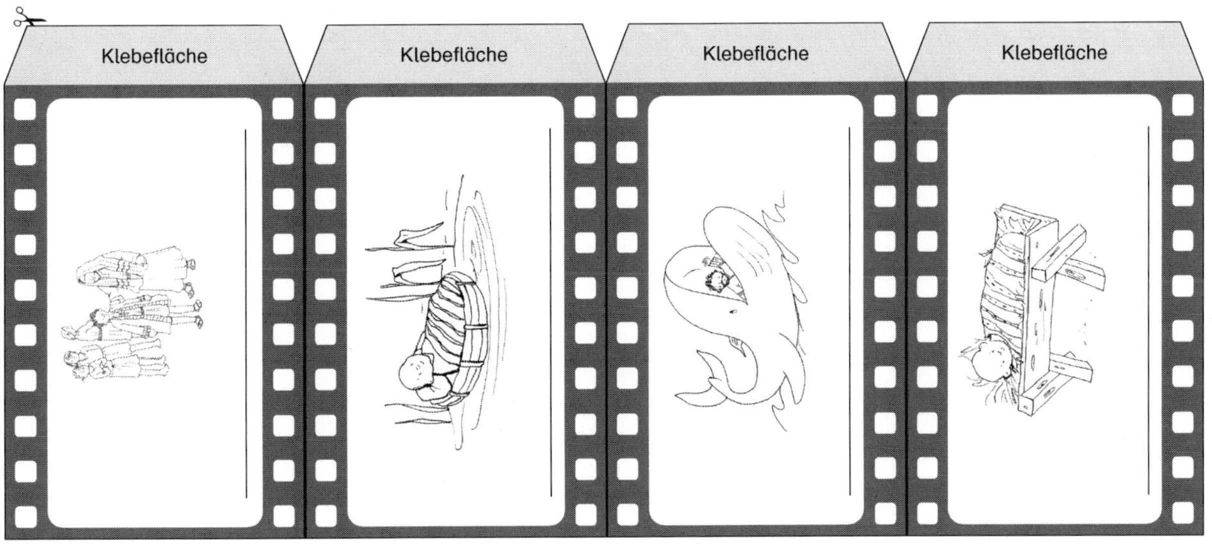
Klebefläche
Klebefläche
Klebefläche
Klebefläche

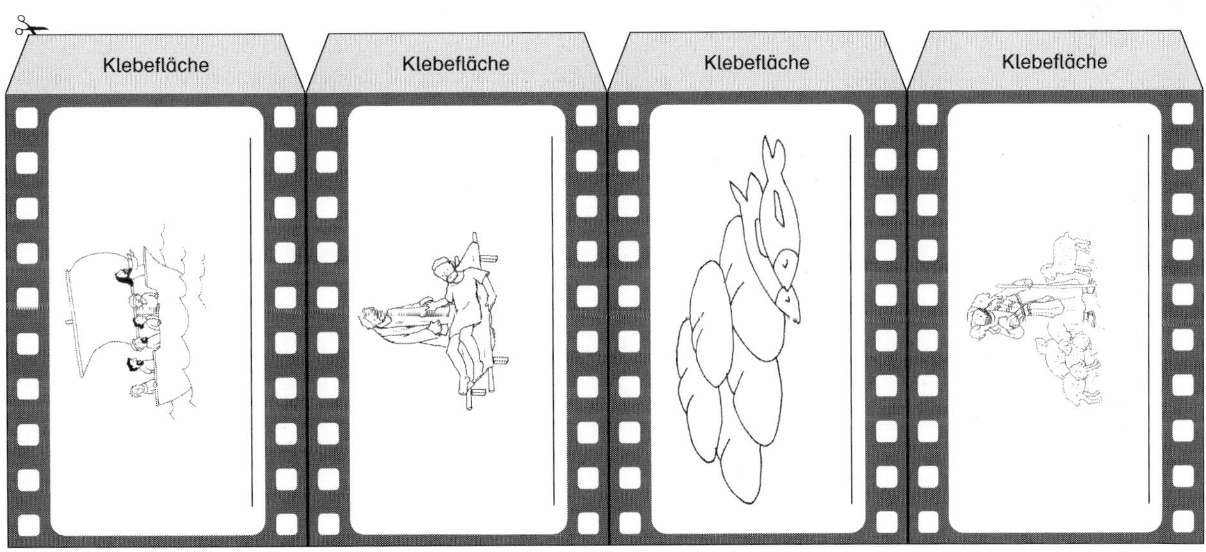
Klebefläche
Klebefläche
Klebefläche
Klebefläche

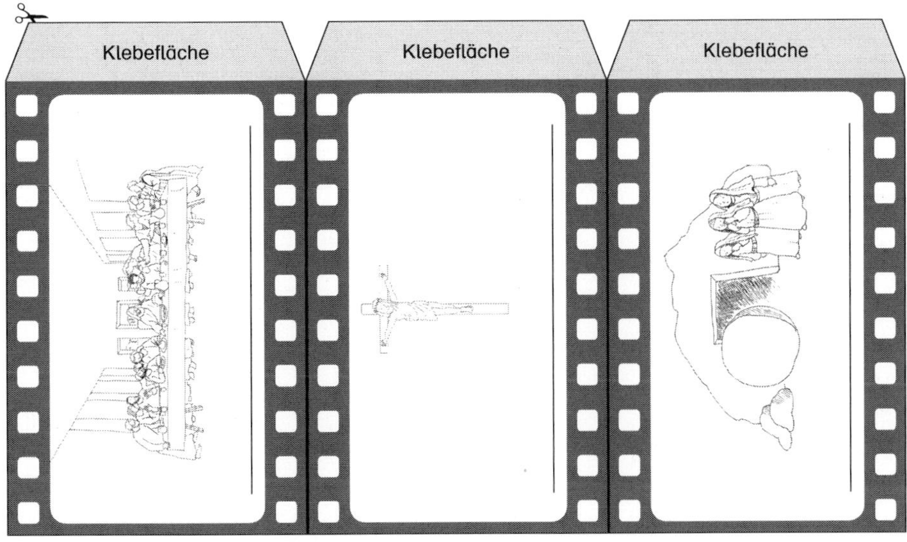
Klebefläche
Klebefläche
Klebefläche

Schaut euch das Regal an.
Was fällt euch hier auf?

Die Lösungsziffer für den Türcode:

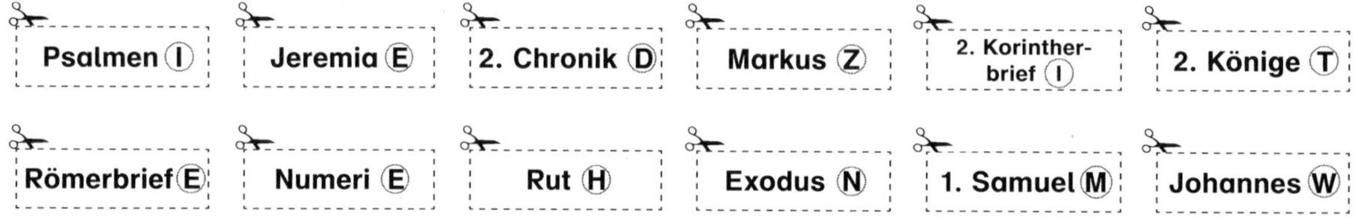

RÄTSEL 1

Auf den Buchrücken sind geheimnisvolle Buchstaben notiert. Was verraten sie euch?

Der Name der Bibel leitet sich von dem griechischen Wort „biblos“ ab. Es bedeutet „Buch“. Die Bibel besteht aus zwei Teilen, dem Alten Testament (AT) und dem Neuen Testament (NT). Testament bedeutet „Bund“. Es meint den Bund, den Gott mit den Menschen geschlossen hat. Die beiden Teile der Bibel enthalten zusammen mehr als 60 einzelne Bücher. Die Bibel wird darum auch das „Buch der Bücher“ genannt.

Altes Testament

5 Bücher Mose

Genesis, Levitikus, Deuteronomium

Geschichtsbücher

Josua, Richter, 2. Samuel, 1. Könige, 1. Chronik, Esra, Nehemia, Esther

Weisheitsbücher

Hiob, Sprüche Salomos, Prediger Salomo, Hohelied Salomos

Prophetische Bücher

Jesaja, Klagelieder, Hesekiel, Daniel, Hosea, Joel, Amos, Obadja, Jona, Micha, Nahum, Habakuk, Zefanja, Haggai, Sacharja, Maleachi

Neues Testament

Evangelien

Matthäus, Lukas, Apostelgeschichte

Briefe

1. Korintherbrief, Galaterbrief, Epheserbrief, Philipperbrief, Kolosserbrief

1. Thessalonicherbrief, 2. Thessalonicherbrief, 1. Timotheusbrief, 2. Timotheusbrief, Titusbrief, Philemonbrief, Hebräerbrief, Jakobusbrief, 1. Petrusbrief, 2. Petrusbrief, 1. Johannesbrief, 2. Johannesbrief, 3. Johannesbrief, Judasbrief

Prophetisches Buch

Offenbarung des Johannes

Das Alte Testament wurde in hebräischer Sprache verfasst.
Übersetze den Code.

Die Lösungsziffer für den Türcode: 

י	ט	ח	ז	ו	ה	ד
J	T	Ch	Z	V	H	D
ג	ב	ס	נ	מ	ל	כ
G	B	S	N	M	L	K
ת	ש	ר	ק	צ	ף	פ
T	Sch	R	Q	Ts	F	P

Diese Besonderheiten müssen bei der hebräischen Sprache bedacht werden:

- Das hebräische Alphabet kennt keine großen und kleinen Buchstaben.
- Im Hebräischen wird von rechts nach links geschrieben und gelesen, zum Beispiel:

  TNEMATSET ETLA SAD (Das Alte Testament)

- Es gibt in der hebräischen Sprache keine Vokale (a, e, i, o, u). Sie müssen hinzugedacht werden. Beispiel:

  TNMTSTTLSD (Das Alte Testament)

- Oft werden die Wörter nicht getrennt geschrieben, zum Beispiel:

  TNEMATSETETLASAD (Das Alte Testament)

Die Lösungsziffer für den Türcode:

ד 👑👑👑נ ז👑ה ל ד👑ר ב👑ח👑ר מ👑ס👑👑מ👑ל ט👑נ ט👑ש ט👑מ👑נ ט

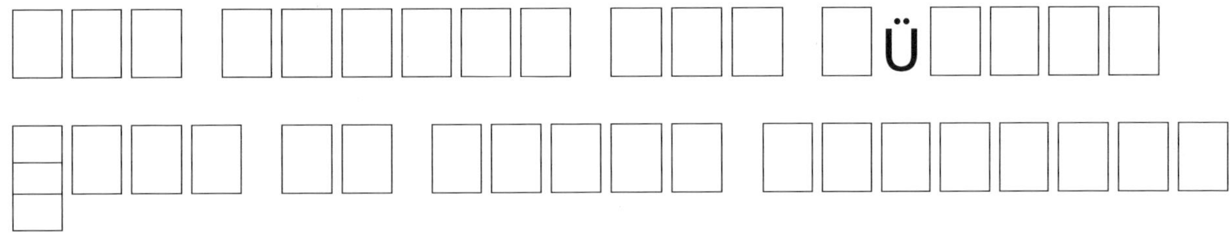

RÄTSEL 3

Schaut euch die Tabelle an.
Stehen die Geschichten im Alten oder Neuen Testament? Oder gibt es sie in der Bibel gar nicht?

Die Lösungsziffer für den Türcode: 

RÄTSEL 3

	Altes Testament	Neues Testament	Nicht in der Bibel
Markus begann damit, die Geschichten über Jesus aufzuschreiben.			
Noah gehorchte Gott und baute ein großes Schiff. Von allen Tieren der Erde brachte er jeweils ein Paar an Bord.			
Abraham erhielt von Gott einen Auftrag: Er sollte seine Heimat verlassen und mit Sara nach Kanaan gehen.			
Jesus machte am See Genezareth mit wenigen Lebensmitteln mehrere Tausend Menschen satt.			
Martin Luther veröffentlichte seine 95 Thesen gegen die Missstände, die in der Kirche vorlagen.			
Martin Luther versteckte sich auf der Wartburg und übersetzte das Neue Testament aus der lateinischen in die deutsche Sprache.			
Gutenberg erfand den Buchdruck, sodass alle Menschen die Möglichkeit hatten, in der Bibel zu lesen.			
Jesus erzählte die Geschichte von einem Hirten, dem ein Schaf verloren ging.			

Lest euch die Sätze durch.
Schreibt die Begriffe an die passende Stelle.

Die Lösungsziffer für den Türcode: 

RÄTSEL 4

So lautet der Name des Buches.
Die große Zahl gibt an, welches Kapitel es ist.
Die kleine Zahl gibt an, wo die Verse anfangen.

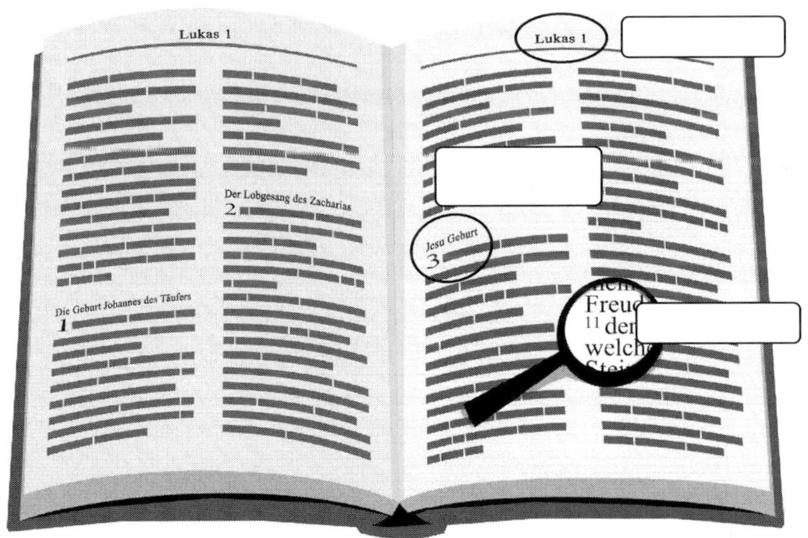

Hinweis:
Verbindet das Feld mit der **Nummer des Kapitels** mit dem Namen des **Buch**es und anschließend mit der **Versnummer**.

RÄTSEL 5

F	U	L	E	Z	R	B	Q	P	C	E	Z	G
G	N	A	Z	A	R	E	T	H	J	W	T	O
A	O	D	F	C	Z	M	R	M	N	B	V	L
Ö	A	E	R	H	T	M	A	R	I	A	P	I
D	H	M	N	Ä	X	A	Y	S	A	H	Ä	A
V	B	M	I	U	K	U	H	G	F	J	D	T
J	E	S	U	S	Q	S	B	V	J	O	K	F
O	S	E	K	H	W	R	V	B	N	N	Y	C
S	E	I	P	Ü	Q	C	K	A	N	A	A	N
E	X	H	M	V	J	L	Ö	F	R	D	M	Z
F	P	M	O	S	E	Ö	Y	V	J	D	E	J
P	H	L	S	Q	B	N	F	J	Z	K	L	U
Ü	Ä	A	B	R	A	H	A	M	F	D	A	D
A	X	O	N	P	U	Z	F	H	K	E	V	A
D	E	S	C	V	N	M	L	Q	W	R	D	S
A	K	G	C	B	M	E	D	F	J	K	L	Ä
M	F	R	B	E	T	H	L	E	H	E	M	T

Welche Personen und Orte aus der Bibel findet ihr im Suchsel?

Anzahl der Personen: ☐

Anzahl der Orte: ☐

Zieh für die Lösungsziffer die Anzahl der Orte von der Anzahl der Personen ab:

Die Lösungsziffer für den Türcode: ◯

RÄTSEL 5

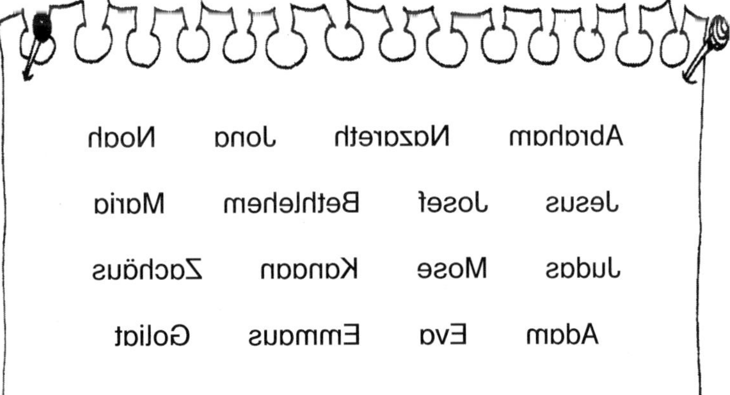

RÄTSEL 6

Schneidet die Puzzleteile aus.
Lest euch die Fragen durch.
Legt die Antworten auf die Felder mit den passenden Fragen.

Die Lösungsziffer für den Türcode: 

RÄTSEL 6

Wie heißen die vier Evangelisten?	Aus welchen zwei Teilen besteht die Bibel?	Wie viele einzelne Bücher enthält die Bibel?	In welchem Teil der Bibel steht die Geschichte von Jona und dem Fisch?
Wodurch konnten die Bibeln früher schneller verviel-fältigt werden?	Was veröffentlichte Martin Luther am 31.10.1517?	In welchem Teil der Bibel steht die Geschichte der Geburt Jesu?	Wer erfand den Buchdruck?
Wer übersetzte das Neue Testament aus der lateinischen in die deutsche Sprache?	Was sollte Noah mit auf die Arche nehmen?	Wo versteckt Jochebed ihren Sohn Mose?	Worin werden die Geschichten der Bibel eingeteilt?

95 Thesen	In Kapitel und Verse.	Im Neuen Testament.	Martin Luther
In einem Schilfkörbchen.	Markus, Matthäus, Lukas und Johannes	Mehr als 60.	Von allen Tieren der Erde ein Paar.
Im Alten Testament.	Johannes Gutenberg	Mit der Erfindung des Buchdrucks.	Aus dem Alten Testament (AT) und dem Neuen Testament (NT).

Die Anzahl der Personen zur linken Seite Jesu ist die Lösungszahl.

Lest den Text.
Setzt die Wörter richtig ein.

Die Lösungsziffer für den Türcode: 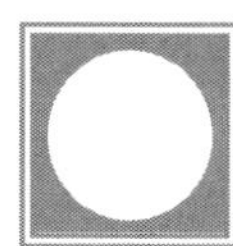

RÄTSEL 7

Diese Wörter helfen euch:

Schriftrolle **Bildern** **Mönchen** **Gutenberg** **Papyrus** **abgeschrieben**

Früher wurden die Geschichten aus der Bibel zuerst mündlich weitergegeben. Später wurden sie auch aufgeschrieben. Die Vervielfältigung der Bibel war sehr aufwendig.
Aus der Pflanze _ _ _ _ _ _ 1 wurden Blätter zum Schreiben hergestellt.

Die einzelnen Blätter wurden zu einer _ _ _ _ 2 _ _ _ _ _ _ _ zusammengeklebt.

Später wurden die Bibeln von _ _ _ _ _ 3 _ im Kloster vervielfältigt.

Die ganze Bibel musste mit der Hand _ 4 _ _ _ _ _ _ _ _ _ _ _ werden, das dauerte oft ein ganzes Mönchsleben lang.

Die Mönche haben nicht nur die Texte abgeschrieben, sondern haben auch die Seiten mit _ _ _ _ 5 _ _ und Verzierungen versehen.

Die Bibeln waren daher sehr kostbar – es gab nur wenige Exemplare, da die Arbeiten sehr viel Zeit in Anspruch nahmen. Erst mit der Erfindung des Buchdrucks durch Johannes _ _ _ _ 6 _ _ _ _ konnten die Bibeln schneller vervielfältigt werden.

RÄTSEL 8

Lest den Text.
Lest euch die Aussagen durch.
Sind sie wahr oder falsch?

Die Anzahl der wahren Aussagen ist die Lösungsziffer für den Türcode: 

RÄTSEL 8

Der Mönch Martin Luther erkannte etwas Wichtiges, als er die Römerbriefe studierte: Gott liebt die Menschen, ohne dass sie etwas dafür tun müssen. Gottes Liebe müssen sich die Menschen nicht kaufen oder verdienen. Gott nimmt die Menschen so, wie sie sind.

Die römisch-katholische Kirche war zur Zeit Luthers aber anderer Meinung. Damals konnten sich die Menschen mit einem Ablassbrief von ihren Sünden freikaufen. Man zahlte Geld an den Ablassprediger und wurde von seinen Sünden freigesprochen.

Am 31. Oktober 1517 veröffentlichte Martin Luther 95 Thesen gegen Missstände, die seiner Meinung nach in der Kirche vorlagen. Daraufhin wurde er aus der Kirche ausgeschlossen. Da Luther seine Thesen nicht zurücknehmen wollte, war er in Gefahr. Von Freunden wurde Luther auf der Wartburg bei Eisenach versteckt. Dort war er sicher. In dieser Zeit übersetzte er das Neue Testament aus der lateinischen in die deutsche Sprache.

Luthers Ideen führten zu einer Reformation und zur Gründung der evangelischen Kirche.

	wahr	falsch
Martin Luther erkannte, dass Gott die Menschen so nimmt, wie sie sind.		
Die römisch-katholische Kirche war der gleichen Meinung wie Martin Luther.		
Durch den Kauf eines Ablassbriefes wurde man von den Sünden freigesprochen.		
Seine 95 Thesen veröffentlichte Luther am 31. Oktober 1517 in Wittenberg.		
Während seiner Zeit auf der Wartburg übersetzte Luther das Alte Testament in die deutsche Sprache.		

TÜRSCHLOSS

Ihr habt nun acht Lösungsziffern.

Subtrahiert die ersten vier Ziffern von den letzten vier Ziffern.

So bekommt ihr die Zahlen für den Türcode.

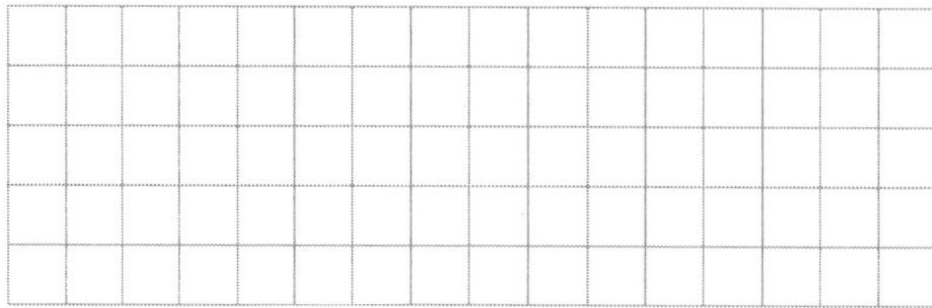

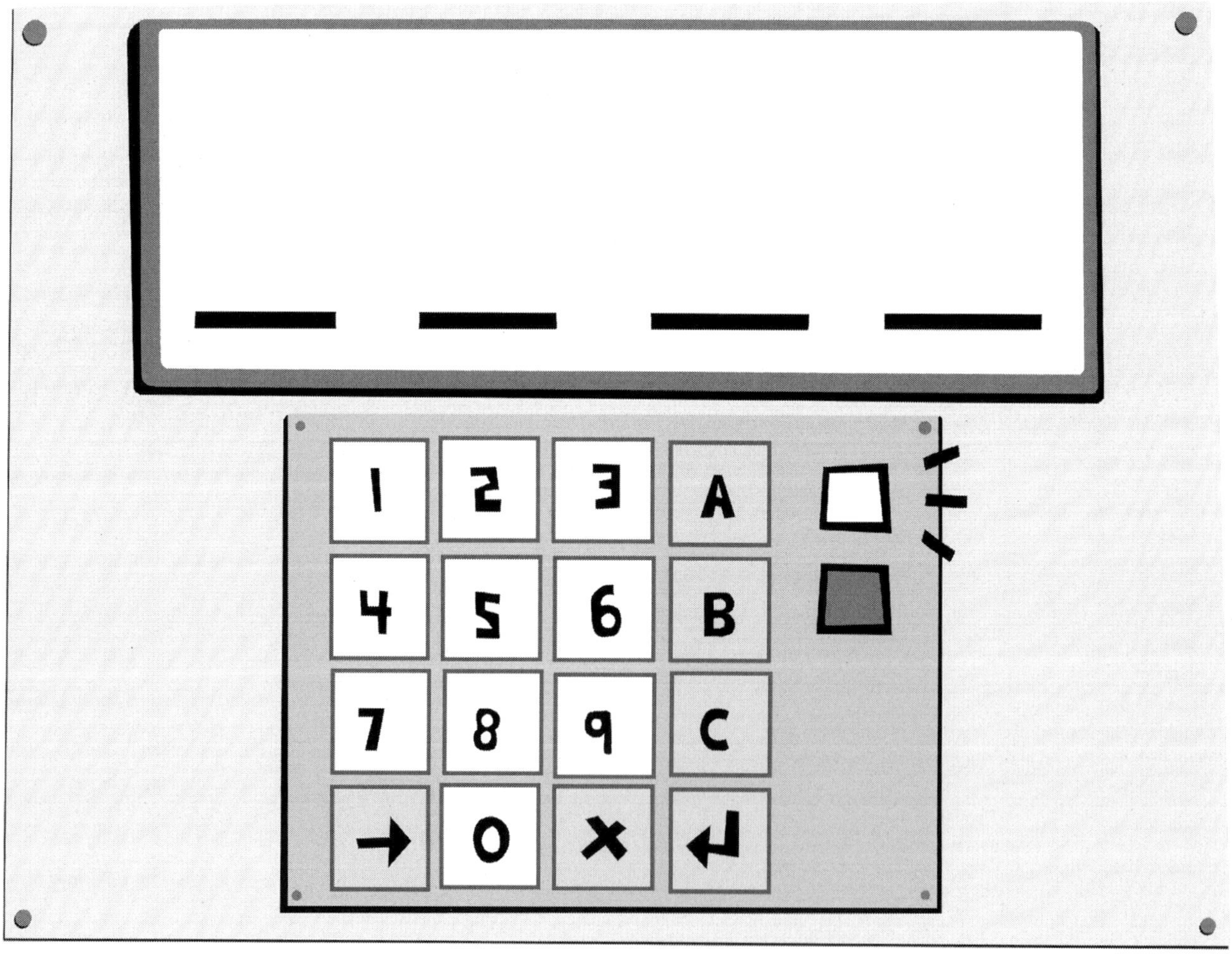

Rätsel 1

Tipps:

- Welche Bücher fehlen?
- Schneidet die Buchrücken aus und klebt sie an die richtige Stelle.
- Ihr seid euch nicht sicher? Nehmt euch eine Bibel und schaut im Inhaltsverzeichnis nach.
- Die Buchstaben auf den Buchrücken ergeben einen Satz. Dieser Satz enthält die Lösungsziffer.

Zwischenergebnis:

- Die Bücher „Exodus“ und „Numeri“ gehören in die ersten Lücken. Sie sind das 2. und das 4. Buch Mose.

Ergebnis:

- Die richtige Reihenfolge der Bücher in der Bibel ist:

1) Exodus	2) Numeri	3) Rut	4) 1. Samuel	5) 2. Könige	6) 2. Chronik	7) Psalmen	8) Jeremia	9) Markus	10) Johannes	11) Römerbrief	12) 2. Korintherbrief
N	E	H	M	T	D	I	E	Z	W	E	I

Lösungszahl: 2.
Sie ergibt sich aus dem Lösungssatz auf den Buchrücken: *Nehmt die Zwei.*

Rätsel 2

Tipps:

- Im Hebräischen wird von rechts nach links geschrieben: Der erste Buchstabe ist der Buchstabe in der ersten Zeile, ganz rechts. Es ist das D.
- Die Kästchen zeigen euch an, an welcher Stelle es Wortgrenzen gibt.
- Buchstaben, die im Hebräischen nicht vorkommen (wie z. B. ü), sind zwischen den Kästchen eingetragen.

Zwischenergebnis:

Der Satz lautet übersetzt: Die Anzahl der Bücher Mose im Alten Testament.

Lösungszahl: 5.
Es gibt fünf Bücher Mose.

Rätsel 3

Tipps:

- Malt die Felder mit den richtigen Kreuzen an.
- Ihr seid euch nicht sicher? Nehmt euch eine Bibel und schaut im Inhaltsverzeichnis nach.
- Die erste Geschichte ist nicht in der Bibel zu finden. Markus ist einer der Evangelisten und hat die Geschichten über Jesus damals aufgeschrieben.

Zwischenergebnis:

	Altes Testament	Neues Testament	Nicht in der Bibel
Markus begann damit, die Geschichten über Jesus aufzuschreiben.			X
Noah gehorchte Gott und baute ein großes Schiff. Von allen Tieren der Erde brachte er jeweils ein Paar an Bord.	X		
Abraham erhielt von Gott einen Auftrag: Er sollte seine Heimat verlassen und mit Sara nach Kanaan gehen.	X		
Jesus machte am See Genezareth mit wenigen Lebensmitteln mehrere Tausend Menschen satt.		X	
Martin Luther veröffentlichte seine 95 Thesen gegen die Missstände, die in der Kirche vorlagen.			X
Martin Luther versteckte sich auf der Wartburg und übersetzte das Neue Testament aus der lateinischen in die deutsche Sprache.			X
Gutenberg erfand den Buchdruck, sodass alle Menschen die Möglichkeit hatten, in der Bibel zu lesen.			X
Jesus erzählte die Geschichte von einem Hirten, dem ein Schaf verloren ging.		X	

Lösungszahl: 5.
Sie ergibt sich aus der Form der angemalten Felder in der Tabelle.

Rätsel 4

Tipps:

- „Große“ und „kleine“ Zahl sind bereits erste Hinweise.
- Der Name des Buches steht oben in der Kopfzeile.

Zwischenergebnis:

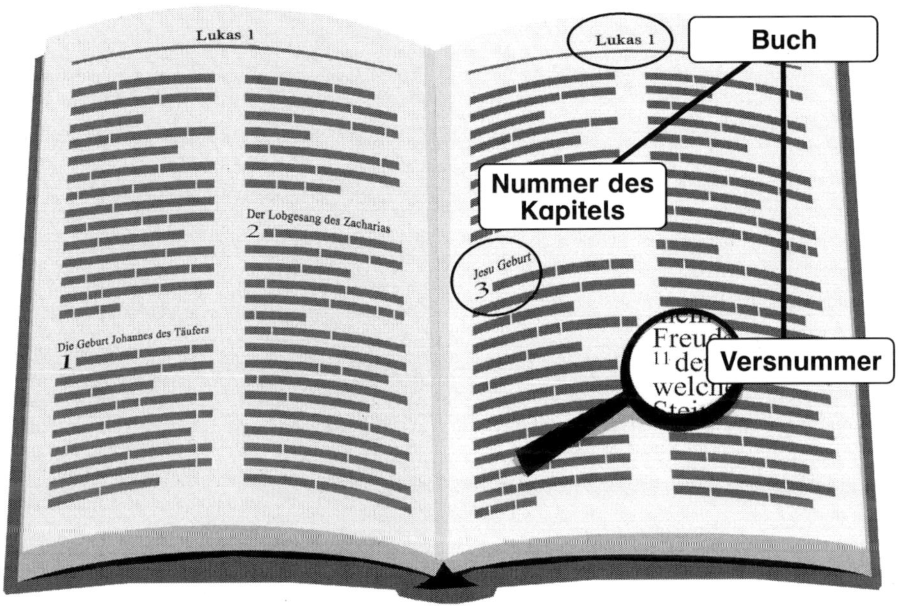

Lösungszahl: 1.
Sie ergibt sich aus der Form der Verbindungslinie.

TIPPS UND LÖSUNGEN

Rätsel 5

Tipp:

Die Namen, die im Suchsel versteckt sind, sind in Spiegelschrift notiert.

Zwischenergebnis:

Es sind 4 Orte und 12 Personen im Suchsel versteckt.
Orte: Nazareth, Bethlehem, Kanaan, Emmaus
Personen: Abraham, Jona, Noah, Jesus, Josef, Maria, Judas, Mose, Zachäus, Adam, Eva, Goliat

Lösungszahl: 8.
12 Personen minus 4 Orte.

				Z								G
	N	A	Z	A	R	E	T	H				O
	O			C		M						L
	A			H		M	A	R	I	A		I
	H			Ä		A						A
				U		U				J		T
J	E	S	U	S		S				O		
O										N		
S							K	A	N	A	A	N
E												
F		M	O	S	E							J
												U
		A	B	R	A	H	A	M				D
A										E	V	A
D												S
A												
M			B	E	T	H	L	E	H	E	M	

Rätsel 6

Tipps:

- Ihr seid euch nicht sicher? Ihr könnt zum Beispiel hier schauen: www.auerbase.de/get-link/552
- Die vier Evangelisten heißen Markus, Matthäus, Lukas und Johannes.

Zwischenergebnis:

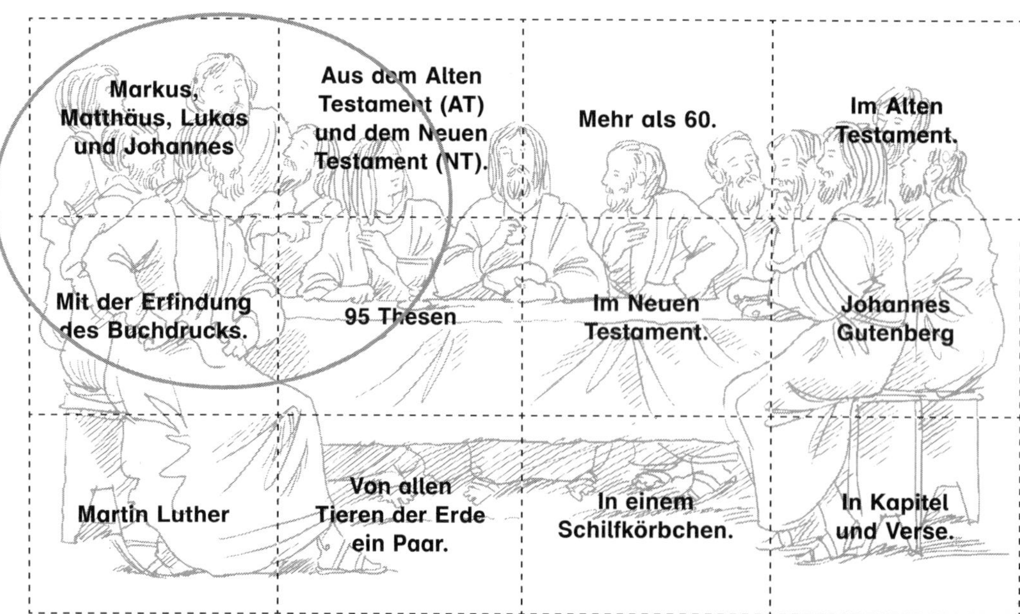

Lösungszahl: 6. Beim letzten Abendmahl sitzen zur linken Seite Jesu sechs Personen.

Rätsel 7

Tipp:

Die Anzahl der Kästchen kann euch verraten, welche Wörter in welche Lücke gehören.

Zwischenergebnis:

Früher wurden die Geschichten aus der Bibel zuerst mündlich weitergegeben. Später wurden sie auch aufgeschrieben. Die Vervielfältigung der Bibel war sehr aufwendig.
Aus der Pflanze P a p y r u s wurden Blätter zum Schreiben hergestellt.

Die einzelnen Blätter wurden zu einer S c h r i f t r o l l e zusammengeklebt.

Später wurden die Bibeln von M ö n c h e n im Kloster vervielfältigt.

Die ganze Bibel musste mit der Hand a b g e s c h r i e b e n werden, das dauerte oft ein ganzes Mönchsleben lang.

Die Mönche haben nicht nur die Texte abgeschrieben, sondern haben auch die Seiten mit B i l d e r n und Verzierungen versehen.

Die Bibeln waren daher sehr kostbar – es gab nur wenige Exemplare, da die Arbeiten sehr viel Zeit in Anspruch nahmen. Erst mit der Erfindung des Buchdrucks durch Johannes G u t e n b e r g konnten die Bibeln schneller vervielfältigt werden.

Lösungszahl: 7.
Die markierten Buchstaben der Lösungswörter ergeben das Wort sieben.

Rätsel 8

Tipp:

Wenn ihr den Text genau lest, könnt ihr alle Aussagen in der Tabelle überprüfen.

Zwischenergebnis:

	wahr	falsch
Martin Luther erkannte, dass Gott die Menschen so nimmt, wie sie sind.	X	
Die römisch-katholische Kirche war der gleichen Meinung wie Martin Luther.		X
Durch den Kauf eines Ablassbriefes wurde man von den Sünden freigesprochen.	X	
Seine 95 Thesen veröffentlichte Luther am 31. Oktober 1517 in Wittenberg.	X	
Während seiner Zeit auf der Wartburg übersetzte Luther das Alte Testament in die deutsche Sprache.		X

Die Aussagen sind falsch, weil …

- die römisch-katholische Kirche nicht der gleichen Meinung wie Martin Luther war. Sie wollte weiterhin die Ablassbriefe verkaufen.
- Luther während seiner Zeit auf der Wartburg nur das Neue Testament in die deutsche Sprache übersetzte.

Lösungszahl: 3.
Es gibt drei Aussagen, die wahr sind.

Türschloss

Die Ziffern für den Code:

2 5 5 1 8 6 7 3

Rechnung:

8673 – 2551 = 6122

Der Code für das Türschloss lautet:

6122

Feste unter Verschluss

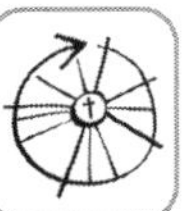

Hinweise zur Vorbereitung und Durchführung

Die Gruppen finden eine Schatzkiste, die mit einem Vorhängeschloss versehen ist, sowie die Kopie einer E-Mail. Sie erfahren durch die E-Mail, dass sie Rätsel zum Thema ***Feste im Kirchenjahr*** im Team lösen müssen, um die Kiste zu öffnen. Das EduBreakout umfasst insgesamt *sechs Rätsel*. In der Schatzkiste befinden sich für jedes Kind eine *Urkunde* sowie *Stäbe* und die *Bastelvorlage für ein Briefumschlagkino mit Stabpuppen*, mit denen die Weihnachtsgeschichte nachgespielt werden kann. Dieses sollte möglichst auf stärkeres Papier kopiert und der Briefumschlag zudem auf 150 % vergrößert werden. Besonders authentisch wäre es, wenn die Kinder Esha eine E-Mail mit den Ergebnissen schreiben könnten. Richten Sie dazu eine E-Mail-Adresse mit einer automatischen Antwort ein. Diese könnte das Ende der Geschichte beinhalten.

Geschichte

Empfänger

Betreff: Helfer gesucht!

Durchsuchen

Hinzufügen

Liebe Grundschulklasse,

mein Name ist Esha. Ich komme aus einem kleinen Dorf in Indien. Ihr fragt euch sicher, was es mit dieser Schatzkiste auf sich hat. Ich habe sie gefunden. Es war eine merkwürdige Situation. Ich habe meine Großeltern in Delhi besucht. Eines Tages fuhr ich allein mit der U-Bahn – ich sollte für meine Großmutter Lebensmittel vom Markt besorgen. Ich muss eingeschlafen sein. Plötzlich stellte ich fest, dass ich ganz allein in der U-Bahn saß. Die Türen waren geöffnet und wir hielten bereits bei der Endstation. Schnell wollte ich aussteigen, da bemerkte ich eine Kiste, die mitten im Gang auf dem Boden stand. Wie war die Kiste dort nur hingekommen? Stand sie schon die ganze Zeit dort? Wer hatte sie dort hingestellt? Neben der Kiste lag ein Zettel. Auf diesem stand, dass man die Kiste nur öffnen könne, wenn man verschiedene Rätsel zum Thema Feste im Christentum löst. Ich kenne mich mit den christlichen Festen nicht aus und dachte mir, dass ihr bestimmt Expertinnen und Experten zu dem Thema seid. Könnt ihr mir helfen, die Kiste zu öffnen? Ich wüsste gerne, was darin ist.

Ich wünsche euch viel Erfolg!

Esha

Ende der Geschichte

Liebe Grundschulklasse,
ich freue mich sehr, dass ihr mir helfen konntet. Vielen Dank!
Die Belohnung habt ihr euch nun wirklich verdient.

Eure Esha

INHALT DER SCHATZKISTE (1)

Briefumschlagkino

Male die Stabpuppen an und schneide sie aus.
Klebe jede Stabpuppe auf einen Stab.
Schneide den Umschlag aus.
Schneide einen Schlitz entlang der Linie unterhalb des Fensters.
Falte die beiden seitlichen Außenflächen nach hinten.
Falte die Rückwand nach hinten.
Klebe die Rückwand an den Seitenflächen fest.
Suche dir eine Partnerin/einen Partner.
Spielt die Weihnachtsgeschichte nach.

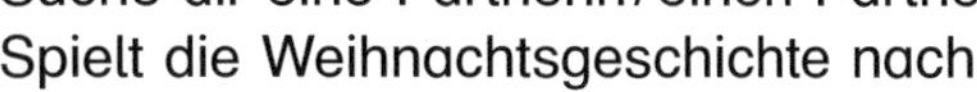

INHALT DER SCHATZKISTE (2)

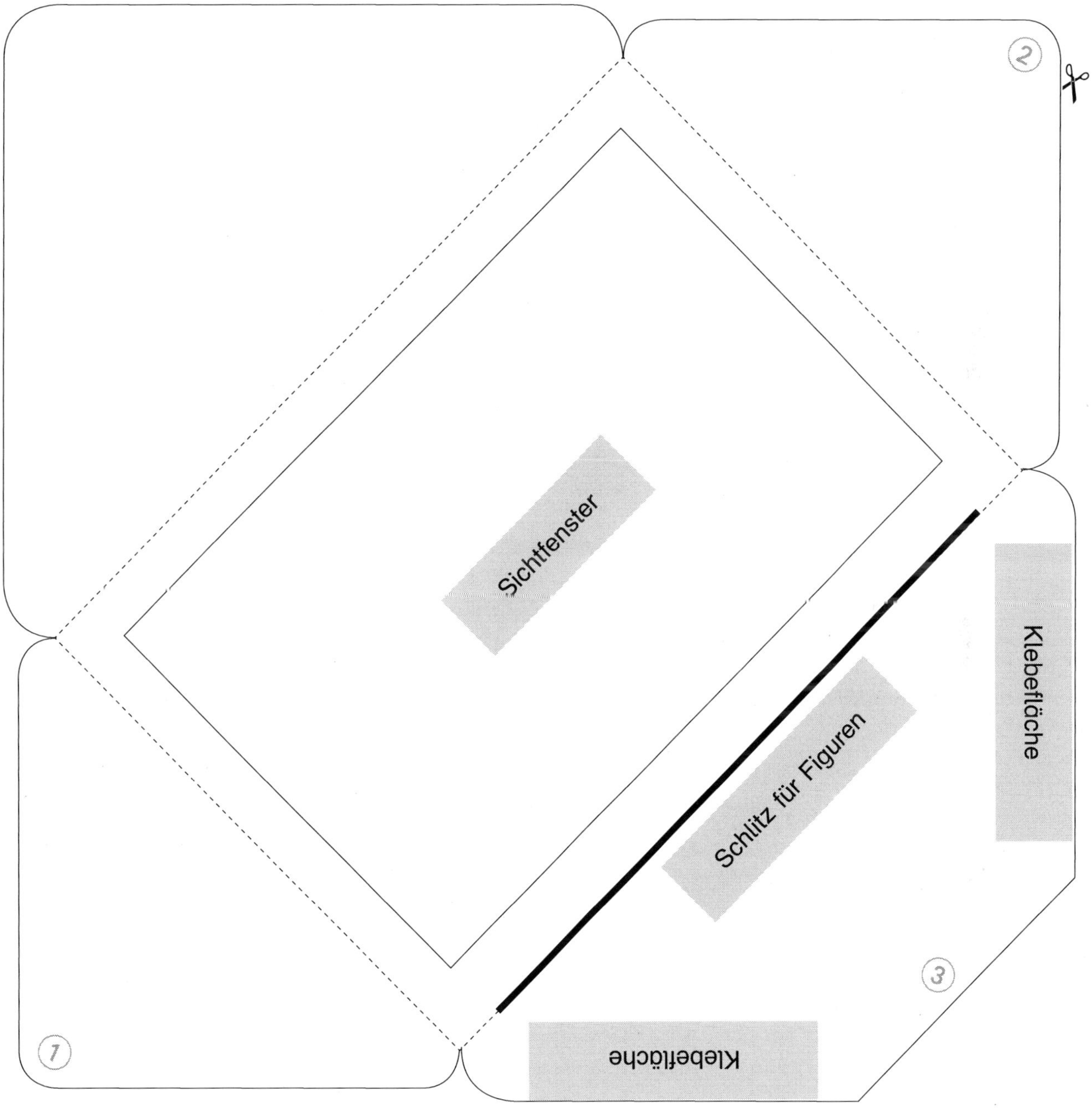

Sichtfenster

Schlitz für Figuren

Klebefläche

Klebefläche

2

3

1

RÄTSEL 1

2

5

A
Ω

3

RÄTSEL 1

In welcher Reihenfolge finden die Feste im Kirchenjahr statt?
Findet den richtigen Weg durch das Labyrinth.

Die Lösungsziffer für das Schloss: 

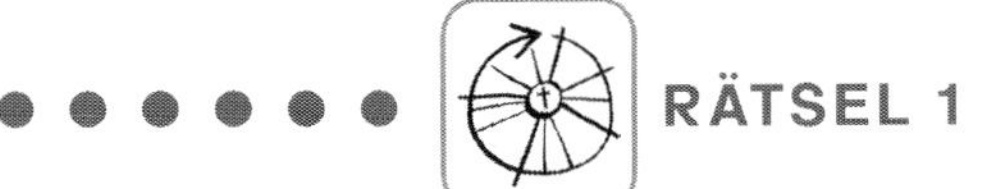

RÄTSEL 1

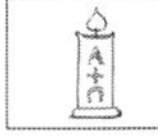 Ostern

 Advent

 Palmsonntag

 Himmelfahrt

 Buß- und Bettag

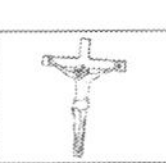 Karfreitag

 Pfingsten

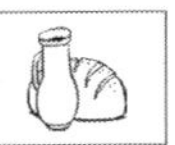 Gründonnerstag

 Weihnachten

 Erntedank

RÄTSEL 1

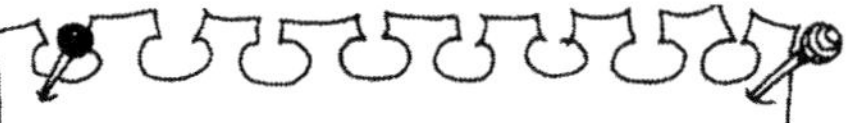

Hinweis:

Das Kirchenjahr beginnt mit dem 1. Advent.

Löst das Kreuzworträtsel.
Die Lösungsziffer für das Schloss:

① Dieser Tag wird am 31. Oktober gefeiert. Er ist Martin Luther gewidmet. Mit seinen 95 Thesen versuchte er, die Kirche zum Umdenken zu bewegen.

② Die Christen danken an diesem Tag Gott für die Ernte sowie das tägliche Brot. Der Feiertag findet am ersten Sonntag im Oktober statt. Die Gemeinde bringt Gemüse, Obst und Getreide in die Kirche.

③ An diesem Feiertag erinnern Christen sich daran, dass Jesus seinen Freunden den Heiligen Geist schickte. Der Feiertag gilt als Geburtstag der Kirche.

④ An diesem Feiertag denken Christen daran, dass Jesus 40 Tage nach seiner Auferstehung zu seinem Vater in den Himmel zurückkehrte.

⑤ An diesem Tag feiern Christen die Auferstehung Jesu. Ein Engel berichtete von der Auferstehung Jesu, als sein Grab leer war.

⑥ Bei diesem Fest gedenken die Christen der Geburt Jesu. Jesus wurde in einem Stall in Betlehem geboren. Das frohe Ereignis wurde von Engeln verkündet.

⑦ An jedem der vier Sonntage in dieser Zeit wird eine Kerze angezündet. Die Christen bereiten sich auf Weihnachten vor.

⑧ An diesem Tag denken Christen an das letzte Abendmahl. Jesus feierte es mit seinen Freunden. Er aß mit ihnen und segnete Brot und Wein.

⑨ An diesem Feiertag gedenken Christen der Kreuzigung und des Todes Jesu. Von seinen Freunden wurde Jesus nach seinem Tod in ein Grab im Felsen gelegt.

⑩ An diesem Tag erinnern sich Christen daran, wie Jesus in Jerusalem einzog. Die Menschen jubelten und schwenkten Palmzweige.

RÄTSEL 2

RÄTSEL 3

Legt die Puzzleteile richtig zusammen.

Die Lösungsziffer für das Schloss: 

RÄTSEL 3

Kaiser Augustus möchte wissen, wie viele Menschen in seinem Reich leben. Maria und Josef machen sich auf den Weg nach Bethlehem. Maria erwartet ein Kind.

Die Hirten sind auf dem Feld. Plötzlich erscheint ihnen ein Engel. Er sagt: „Fürchtet euch nicht! Heute ist der Heiland geboren. Geht und sucht ihn."

Die drei weisen Sterndeuter aus dem Morgenland folgen dem Stern von Bethlehem. Sie bringen Weihrauch, Myrrhe und Gold.

Gerhard Lang ließ 1904 einen ersten Adventskalender mit 24 kleinen Zeichnungen drucken.

In der Adventszeit bereiten sich Christen auf die Geburt Jesu vor. Jesus ist das Licht der Welt, darum werden viele Lichter in der Weihnachtszeit angezündet.

Maria und Josef finden keinen Platz zum Übernachten in einer Herberge und müssen in einem Stall schlafen. Dort bekommt Maria ihr Kind.

Der Tannenbaum ist ein Zeichen für ein neues Leben, denn er ist auch in der dunklen Winterzeit grün.

Der Heilige Nikolaus, ein Bischof, lebte 300 nach Christus. Für alle Menschen hatte er liebe Worte übrig und half den Armen.

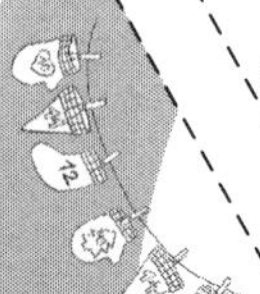

Der Erzieher Johann Hinrich baute 1839 den ersten Adventskranz aus Holz.

Die Hirten kommen zum Stall. Das Kind liegt in der Krippe.

Lest die Textabschnitte.
Welche Reihenfolge ist richtig?

Die Lösungsziffer für das Schloss: 

RÄTSEL 4

Der Lösungssatz:

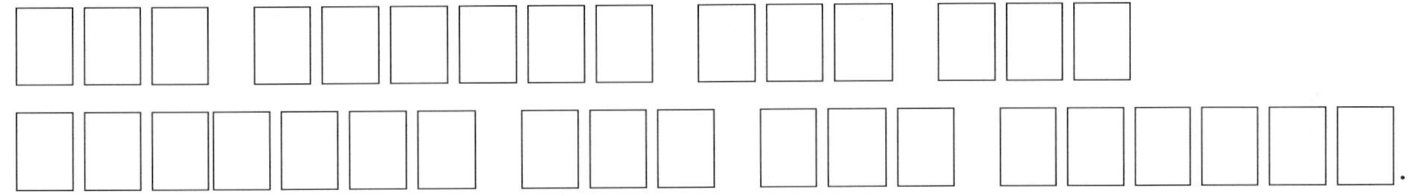

den Stadtoberhäuptern erzählt, wo Jesus sich aufhält. Jesus wird einen Tag nach dem Abendmahl zum Tode verurteilt. Er soll an ein Kreuz genagelt werden. Die Soldaten bespucken und schlagen Jesus. Sie flechten ihm eine Krone aus Dornenzweigen. Er trägt sie …	**OSS**
leer. Ein Engel sagt, dass Jesus nicht mehr tot ist. Jesus lebt. Dies sollen sie allen weitersagen. Zwei Jünger machen sich auf den Weg nach Emmaus. Jesus kommt zu ihnen. Sie erkennen Jesus, als er das Brot teilt. Sie eilen nach Jerusalem zurück und erzählen allen davon.	**BEN**
zu beben. Die Soldaten wissen nun, dass Jesus wirklich Gottes Sohn ist. Jesus sagt: „Vater, vergib ihnen, denn sie wissen nicht, was sie tun!“ Seine Freunde sind sehr traurig, als Jesus stirbt. Am nächsten Tag …	**DIE**

RÄTSEL 4

gemeinsam zu feiern. Auch Jesus möchte das Fest mit seinen Jüngern feiern. Die Menschen sind glücklich, sie freuen sich, dass Jesus zu ihnen kommt. Sie haben von seiner Hilfe für arme und kranke Menschen und seinen …	ZIF
wird mich verraten." Die Jünger versichern, dass sie dies niemals tun würden. Nach dem Essen geht Jesus mit seinen Jüngern in den Garten Gethsemane. Soldaten kommen, um Jesus zu verhaften. Judas hat Jesus verraten und …	SCHL
umbringen. Jesus feiert mit seinen zwölf Jüngern das letzte Abendmahl. Jesus teilt mit seinen Freunden Brot und Wein. Über das Brot sagt er: „Das ist mein Leib, der für euch gegeben wird." Über den Wein sagte er:	FÜR
Die Ostergeschichte (nach Matthäus) Auf einem Esel reitet Jesus nach Jerusalem. Dort feiern die Juden das Pessachfest. An diesem Tag kommen viele Juden nach Jerusalem, um ...	DIE
wird Jesus von seinen Freunden vom Kreuz genommen und begraben. Er wird in ein Leinentuch gewickelt und in ein Grab im Felsen gelegt. Die Freunde rollen einen schweren Stein vor die Höhle. Drei Tage nach der Kreuzigung kommen einige Frauen zum Grab. Sie erschrecken sich: Das Grab ist …	SIE
auf dem Kopf. Sie führen Jesus hinaus. Er muss sein Kreuz selbst auf den Berg Golgatha tragen. Jesus wird zusammen mit zwei weiteren Männern gekreuzigt. Plötzlich wird es dunkel, die Sonne ist nicht mehr zu sehen. Die Erde beginnt …	IST
„Das ist mein Blut, das für euch vergossen wird." Jesus fordert seine Jünger auf, dass sie an ihn denken sollen, wenn er weg ist. Er sagt ihnen, dass sie es so machen sollen, wie er es ihnen gezeigt hat, und dass Gott einen Bund mit ihnen schließt. Jesus sagt: „Einer von euch …	DAS
Wundern gehört. Er ist ihr Retter! Sie legen Kleidung und Palmzweige für ihn auf den Boden. Damit wollen sie ihn ehren. Dass die Menschen Jesus wie einen König feiern, macht den Stadtoberhäuptern Angst. Sie wollen ihn …	FER

RÄTSEL 5

Lest die Sätze.
Welche Aussagen stimmen?
Streicht falsche Aussagen durch.

Die Lösungsziffer für das Schloss: 

RÄTSEL 5

Nach dem Tod erschien Jesus seinen Jüngern immer wieder. Bevor er in den Himmel auffuhr, sagte er zu seinen Jüngern, dass sie allen Menschen erzählen sollen, dass er wieder auferstanden sei. Er kündigte ihnen an, dass er ihnen Kraft geben und seinen Geist schicken würde. Die Freunde von Jesus hatten aber Angst vor den Soldaten.

Viele Menschen waren zu dieser Zeit in Jerusalem auf den Straßen. Sie feierten das Pfingstfest. Es war damals noch ein Erntefest. Die Jünger versteckten sich in einem Haus. Sie baten Jesus um Hilfe. Ihre Angst wurde immer kleiner und plötzlich wurde es ganz hell in dem Raum. Ein Licht erstrahlte. Die Kraft Gottes begann das Haus zu erfüllen. Nun hatten sie Mut, rissen die Türen auf und stürmten hinaus. Sie erzählten den Menschen, dass Jesus lebe.

Wie ein Lauffeuer verbreitete sich die gute Nachricht. Und wie durch ein Wunder verstanden sich auch die Menschen mit verschiedenen Sprachen. Viele Menschen ließen sich taufen, sie wollten zu Jesus gehören.

An Pfingsten erinnern wir uns daran, dass Jesus den Heiligen Geist geschickt hat. Das Fest wird auch als Geburtstag der Kirche bezeichnet.

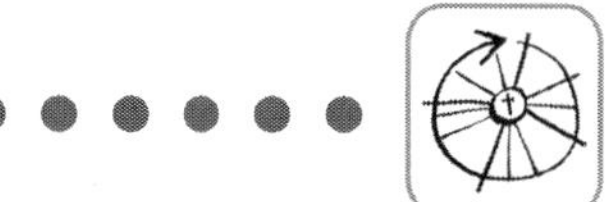

RÄTSEL 5

③
An Pfingsten denken Christen daran, dass Jesus 40 Tage nach seiner Auferstehung zu seinem Vater in den Himmel zurückkehrte.

③
An Pfingsten erinnern wir uns daran, dass Jesus den Heiligen Geist geschickt hat.

②
Die Kraft Gottes begann das Haus zu erfüllen. Nun hatten die Freunde Mut.

②
Die Freunde von Jesus hatten Angst vor den Soldaten.

⓪
Seine Jünger sollten allen Menschen erzählen, dass er wieder auferstanden sei.

⑧
Die Freunde von Jesus hatten Angst vor Gott.

①
Jesus erschien seinen Jüngern nach dem Tod immer wieder.

④
Seinen Jüngern erschien Jesus nach seinem Tod nicht wieder.

①
Auch die Menschen mit verschiedenen Sprachen verstanden sich.

⑤
Menschen mit verschiedenen Sprachen konnten sich nicht verstehen.

RÄTSEL 5

Richtig plus richtig plus richtig plus … – findet ihr die Lösung?

RÄTSEL 6

Lest die Sätze.
Verbindet die Bilder in der Reihenfolge, in der sie im Text vorkommen.

Die Lösungsziffer für das Schloss: 

RÄTSEL 6

- Christen feiern am 1. Sonntag im Oktober das Erntedankfest. Sie danken Gott für die Schöpfung und für die Ernte des Jahres.
- Die Natur versorgt uns mit allen Nahrungsmitteln, die wir brauchen. Zu den geernteten Lebensmitteln gehören zum Beispiel Getreide sowie Obst und Gemüse.
- Beim Erntedankgottesdienst bringen viele Besucher Obst und Gemüse, aber auch Kuchen, Brot und Obstsäfte mit in die Kirche. Die Speisen werden vor dem Altar zusammengetragen.
- Mit Gebeten und Liedern wird für die Schöpfung gedankt und versprochen, diese zu bewahren.
- Die Speisen werden nach dem Gottesdienst oft an bedürftige Menschen verteilt.
- In manchen Regionen wird nach dem Gottesdienst noch ein Erntewagen durch die Straßen gezogen.

RÄTSEL 6

ZAHLENSCHLOSS

Habt ihr alle Rätsel gelöst und die sechs Ziffern beisammen?

Dann knackt den Code und ihr bekommt den Inhalt der Schatzkiste.

Rätsel 1

Tipps:

- Der erste Tipp ist bereits auf einem Zettel notiert: Das Kirchenjahr beginnt mit dem 1. Advent.
- Welches Fest folgt nach der Adventszeit? Welches Fest kommt danach?
- Ihr seid euch nicht sicher? Ihr könnt zum Beispiel hier schauen: www.auerbase.de/get-link/550

Zwischenergebnis:

Die richtige Reihenfolge der Feste im Kirchenjahr ist: Advent, Weihnachten, Palmsonntag, Gründonnerstag, Karfreitag, Ostern, Himmelfahrt, Pfingsten, Erntedank, Buß- und Bettag

Ergebnis:

Lösungszahl: 5.
Der richtige Weg durch das Labyrinth endet beim Ausgang mit der Aufschrift 5.

TIPPS UND LÖSUNGEN

Rätsel 2

Tipps:

- Ihr seid euch nicht sicher? Ihr könnt zum Beispiel hier schauen: www.auerbase.de/get-link/552
- Schaut euch die markierten Buchstaben bei den Lösungswörtern genau an. Sie ergeben in der angegebenen Reihenfolge Lösungswörter.

Zwischenergebnis:

① Reformation**s**tag
② **E**rntedank
③ Pf**i**ngsten
④ **H**immelfahrt
⑤ Ostern
⑥ Weihna**c**hten
⑦ Adve**n**t
⑧ Gründonn**e**rstag
⑨ Karfr**e**itag
⑩ Palm**s**onntag

Lösungszahl: 6.
Die markierten Buchstaben in der angegebenen Reihenfolge ergeben: EINE SECHS.

Rätsel 3

Tipps:

- Legt passende Bilder und Texte aneinander.
- Wenn ihr richtig gelegt habt, erhaltet ihr einen Baum, der zu Weihnachten eine wichtige Rolle spielt.

Zwischenergebnis:

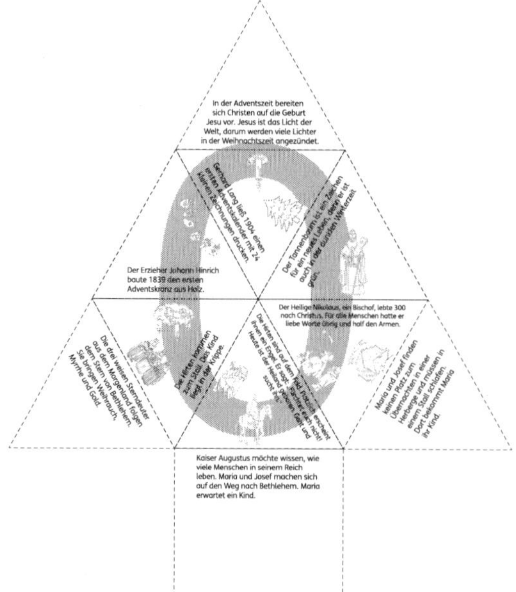

Lösungszahl: 0.
Wenn die Puzzleteile richtig zusammengelegt sind, wird die Zahl im Hintergrund sichtbar.

Rätsel 4

Tipps:

- Beginnt mit der Karte, die die Überschrift der Geschichte trägt.
- Legt dann passende Satzenden an.
- Die Buchstaben, die am rechten Rand der Textstreifen notiert sind, ergeben einen Lösungssatz.

Zwischenergebnis:

Sind die Texte richtig aneinandergelegt, ergeben die Buchstaben den folgenden Satz: DIE ZIFFER FÜR DAS SCHLOSS IST DIE SIEBEN.

Lösungszahl: 7.

Rätsel 5

Tipp:

Lest den Text genau. Hier finden sich alle richtigen Aussagen.

Zwischenergebnis:

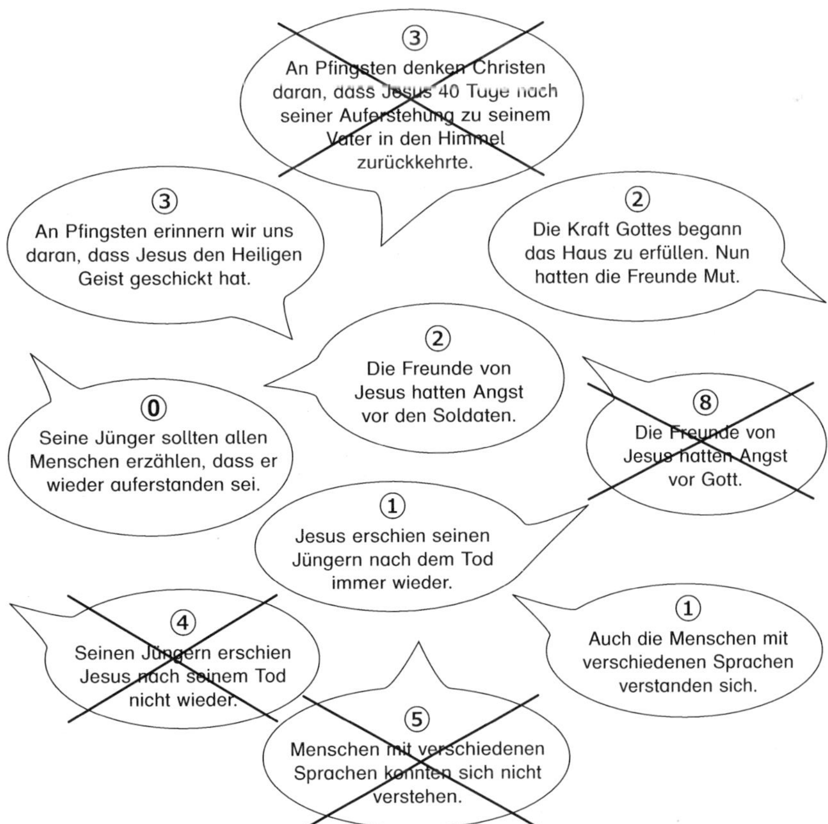

Lösungszahl: 9. Summiert man die angegebenen Ziffern auf den Sprechblasen mit richtigen Aussagen, erhält man das Ergebnis: 3 + 2 + 1 + 0 + 2 + 1 = 9.

Rätsel 6

Tipps:

- Lest den Text genau.
- In welcher Reihenfolge kommen die Bilder in dem Text vor? Verbindet sie.

Zwischenergebnis:

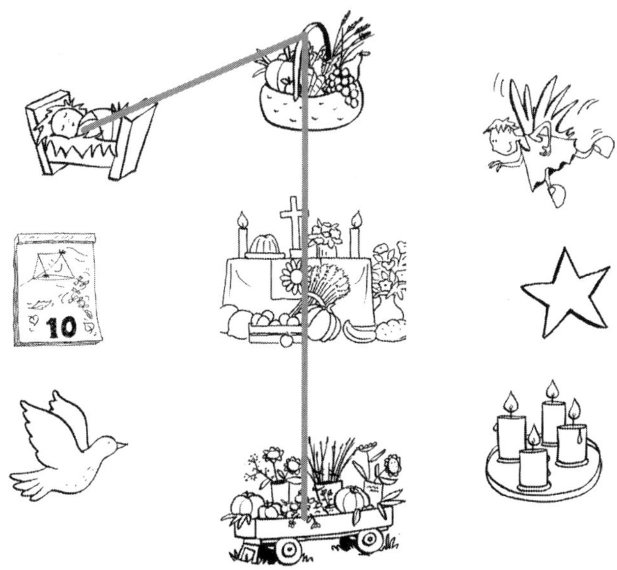

Lösungszahl: 1.
Sie ergibt sich aus der Form der Verbindungslinie.

Zahlenschloss

Der Code für das Zahlenschloss lautet:

560791

Geheimakte Jesus

Hinweise zur Vorbereitung und Durchführung

Die Gruppen finden eine Schatzkiste, die mit einem Vorhängeschloss versehen ist. Sie erfahren, dass sie Rätsel zum Thema ***Leben und Wirken Jesu*** im Team lösen müssen, um die Kiste zu öffnen. Das EduBreakout umfasst insgesamt *sechs Rätsel*.
In der Schatzkiste befinden sich für jedes Kind eine *Urkunde* und ein *Geschichtenwürfel* zum Basteln, der Erzählungen über Jesus aufgreift.
Für das Bänderrätsel im Rätsel 2 sollte für jede Gruppe ein *Faden* bereitliegen. Es kann auch bereits im Vorfeld laminiert und mit einem Faden versehen werden.

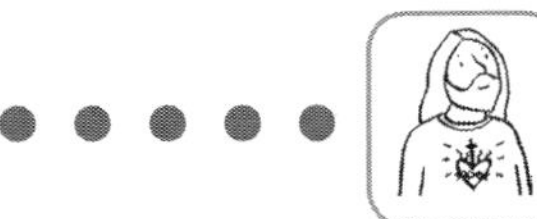

Geschichte

Eure Klasse macht heute einen Ausflug zu einem Kloster. Ihr fahrt mit eurer Religionslehrerin in einem Bus dorthin. Hier sollt ihr spannendes Wissen rund um das frühere Leben in der Abtei erfahren. Was haben die Menschen früher gegessen? Wie haben sie gewohnt? Der Abt des Klosters empfängt euch und beginnt seine Führung durch das alte Gemäuer. Sie soll eine Stunde dauern und euch durch die düsteren Gänge des Klosters führen. Brrr, hier ist es richtig kalt und unheimlich. Eine kleine Gruppe von euch entdeckt während der Führung Steinstufen, die in den Keller führen. In der richtigen Stimmung für ein Abenteuer entfernt ihr euch von der Klasse und folgt den Stufen ins dunkle Gewölbe. Hier beginnt ein langer Gang. An den Wänden hängen Fackeln, die für ein schummriges Licht sorgen. Ihr folgt dem Weg und entfernt euch weiter von den Stufen nach oben. Irgendwann endet der Gang abrupt. Gibt es hier keine Tür? Ihr sucht alles ab und entdeckt eine Bodenklappe, die beim Öffnen laut knarrt. In der Öffnung findet ihr eine Schatztruhe, die mit einem Vorhängeschloss versehen ist. Auf der Truhe klebt ein Zettel.

Die Truhe ist verschlossen. Nur mithilfe eines 6-stelligen Codes kann sie geöffnet werden. Da es sich um wichtige Dokumente handelt, die nicht in falsche Hände geraten sollen, müssen zuerst Jesusrätsel gelöst werden, die sich unter der Truhe in der Bodenklappe befinden. Werden sie richtig gelöst, ergeben die Lösungsziffern den Code für das Vorhängeschloss. Ob ihr die Kiste öffnen könnt? Ich wünsche euch viel Erfolg!

Die Rätsel wollt ihr unbedingt lösen. Aber ihr müsst euch beeilen. In weniger als einer Stunde fährt der Bus wieder zurück in die Schule.

Ende der Geschichte

Ihr gebt nacheinander die Zahlen im Zahlenschloss ein. Das Schloss öffnet sich mit einem KLICK. Vorsichtig öffnet ihr den Deckel der Schatzkiste: Dort sind viele wichtige Dokumente. Ihr nehmt sie aus der Kiste und bringt sie dem Abt des Klosters.

Geschichten-Würfel

Male die Bilder an.
Schneide die Vorlage aus.
Knicke die Klebelaschen nach hinten.
Knicke auch die Linien ein, wo zwei Felder des Würfels aneinandergrenzen.
Klebe den Würfel zusammen.

Die Geburt Jesu

Die Sturmstillung

Jesus erzählt das Gleichnis vom verlorenen Schaf

Das letzte Abendmahl

Die Kreuzigung Jesu

Die Auferstehung Jesu

Lest den Text.
Schneidet den Streifen aus.
Welche Aussagen sind wahr? Welche falsch?

Die Lösungsziffer für das Schloss: 

RÄTSEL 1

Jesu Lebensweg

Christen glauben daran, dass Gott für kurze Zeit auf die Erde kam, um in der Gestalt von Jesus den Menschen seine Liebe zu beweisen. Aus diesem Grund nennen Christen Gott auch Vater und Jesus auch Gottes Sohn.
Die Familie von Jesus lebte in Nazareth in Galiläa. Sein Vater hieß Josef, seine Mutter Maria. Sein Vater war Zimmermann. Das ganze Volk wurde zu dieser Zeit gezählt. Josef und die schwangere Maria mussten deswegen nach Bethlehem. Hier wurde Jesus vor mehr als 2000 Jahren geboren.
König Herodes hatte von dem neugeborenen König erfahren. Weil er Angst vor ihm hatte, wollte er alle Jungen töten lassen. Maria und Josef flohen nach Ägypten. Sie kehrten später in ihre Heimat zurück und Jesus wuchs in Nazareth auf. Jesus hatte vier Brüder: Jakobus, Judas, Simon und Joses. Auch eine Schwester hatte er, aber den Namen kennt man nicht.
Als Jesus schon fast 30 Jahre alt war, vollbrachte er am See Genezareth sein erstes Wunder und einige Fischer waren so beeindruckt, dass sie sich ihm anschlossen. Später hatte er zwölf Jünger. Er lehrte sie das Vaterunser und vieles andere über den Glauben. Jesus vollbrachte viele Wunder in Galiläa. Er heilte Kranke, stillte einen Sturm und verkündete den Menschen das Evangelium.
Jesus hatte viele Gegner. Sie fühlten sich bedroht, weil die Menschen Jesus wie einen König verehrten. In Jerusalem wurde er verhaftet und zum Tode verurteilt. Vor seiner Verhaftung nahm er mit seinen Jüngern das letzte Abendmahl ein. Jesus starb am Kreuz. Drei Tage nach seinem Tod war das Grab leer. Jesus war auferstanden. Er begegnete seinen Jüngern und verbrachte weitere 40 Tage mit ihnen. Erst dann war sein Leben auf der Erde vorbei.

Beginnt mit der 1. Aussage.
Eine Aussage ist falsch? Faltet nicht.
Eine Aussage ist wahr? Faltet entlang der Linie.

RÄTSEL 1

1. Jesus Vater war Schmied.

3. Jesus lebte vor mehr als 2000 Jahren in Galiläa.

2. König Herodes wollte alle Jungen töten lassen.

4. Jesus wird verurteilt und stirbt am Kreuz.

5. Maria und Josef flohen nach Italien.

6. Am See Genezareth begegnet Jesus seinen 14 Jüngern.

RÄTSEL 2

Schneidet das Bänderrätsel aus.
Nehmt euch einen Faden und befestigt ihn oben am Bänderrätsel.
Führt den Faden richtig weiter. Welches Feld bleibt übrig?

Die Lösungsziffer für das Schloss: 

RÄTSEL 2

④ Gottes. Sie bringen Opfergaben, singen, beten und hören den Gelehrten zu, die aus der …	③ **Jesus im Tempel** Jesus ist 12 Jahre alt. Mit seiner Mutter und seinem Vater wohnt er in …
⑤ Nazareth. Es wird Frühling. Die Menschen freuen sich. Zu einem besonderen Fest wollen sie nach Jerusalem reisen. Das …	⑥ Pessachfest erinnert an die Befreiung der jüdischen Menschen aus der Sklaverei in Ägypten. Mit dem Fest danken sie
② „Warum habt ihr mich gesucht? Wisst ihr nicht, dass ich im Haus meines Vaters sein muss?“ …	⑩ Jerusalem. Von überall her strömen Menschen in den Tempel, das Haus …
0 ⑤ Gott. Jesus reist das erste Mal mit. Gemeinsam wandert die Familie mit den Nachbarn nach Jerusalem. Der Weg ist weit und gefährlich. Endlich erreichen sie …	⑭ Bibel vorlesen. Jesus ist davon sehr beeindruckt. Nach einer Woche ist das Fest vorbei. Die Familie macht sich auf den
⑧ Gelehrten. Diese sind sehr beeindruckt, wie viel Jesus weiß. Maria und Josef sind erleichtert und …	⑬ froh. Jesus aber wundert sich darüber, dass Maria und Josef sich Sorgen gemacht haben. Er fragt sie: …
⑦ Heimweg. Zunächst fällt ihnen nicht auf, dass Jesus fehlt, denn sie laufen in einer großen Gruppe. Als sie es bemerken, ist es schon …	⑮ Maria und Josef verstehen Jesus Frage nicht und gehen gemeinsam zurück nach Nazareth.
① Das Wort Jünger bedeutet auch Lehrling. Die Jünger Jesus sind also Lehrlinge Jesu.	⑪ Abend. Schnell gehen sie zurück zum Tempel. Dort finden sie Jesus. Er spricht mit …

Vor ungefähr 2000 Jahren wurde Jesus in Palästina geboren. Die Region Palästina liegt an der südöstlichen Küste des Mittelmeeres. Heute befinden sich auf dem Gebiet mehrere Länder: unter anderem das Land Israel.

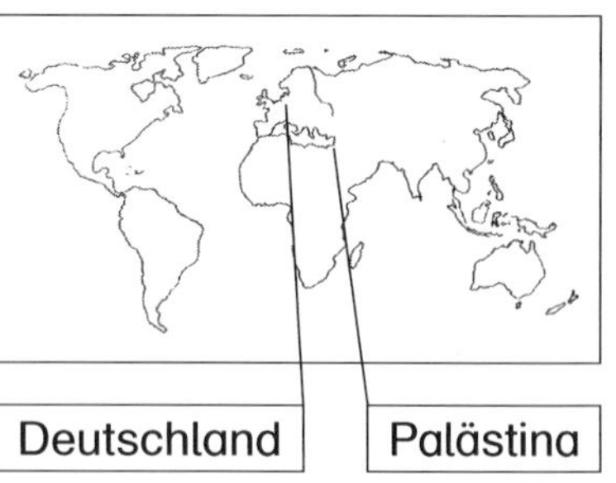

Deutschland Palästina

Schaut euch die Karte an und beschriftet sie.
Welcher Name bleibt übrig?
Die Anzahl der Buchstaben des übrig gebliebenen Namens ist Lösungsziffer für das Schloss:

RÄTSEL 3

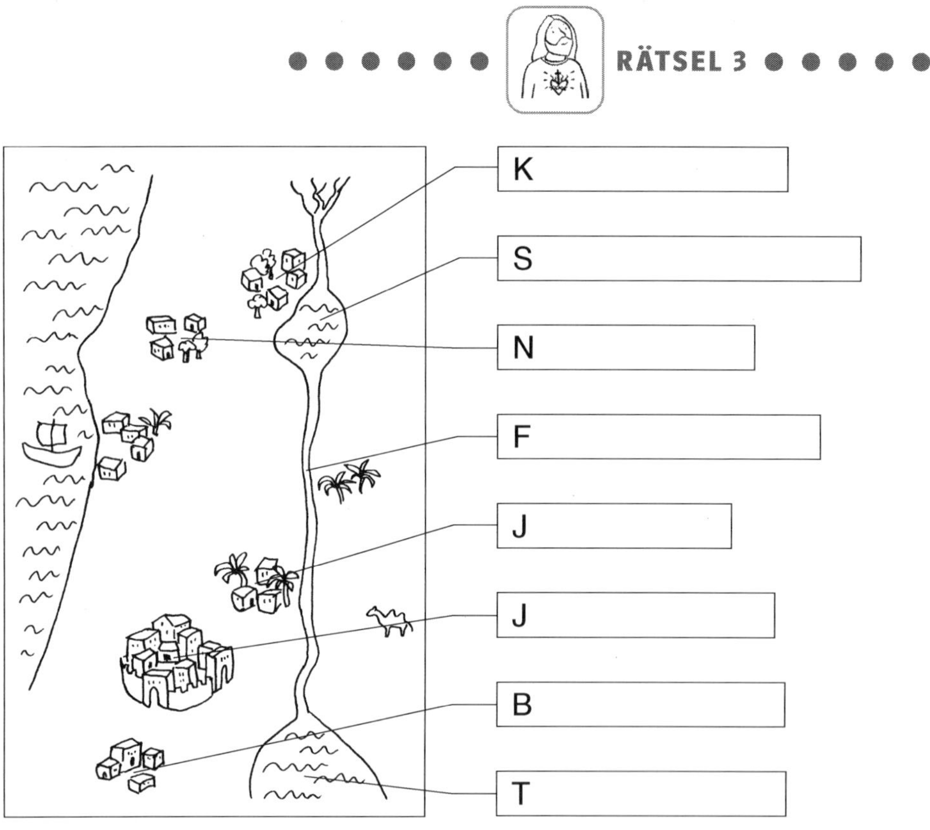

RÄTSEL 3

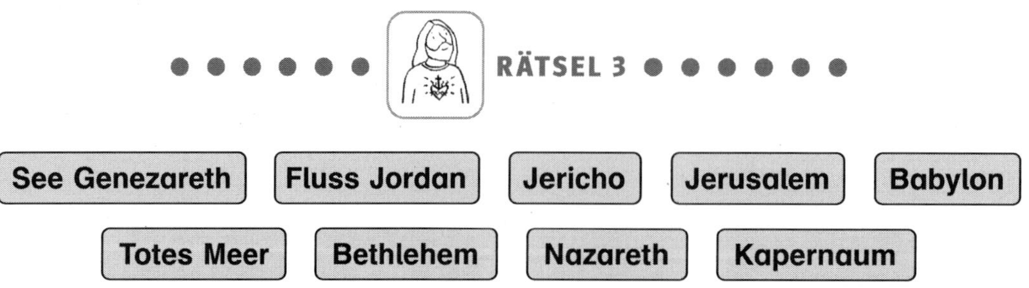

Lest den Text.
Könnt ihr die Geheimzeichen entschlüsseln?
Schreibt die Wörter richtig in die leeren Felder.
Die grauen Felder ergeben ein Lösungswort.

Die Lösungsziffer für das Schloss: 

Geheimschrifttabelle

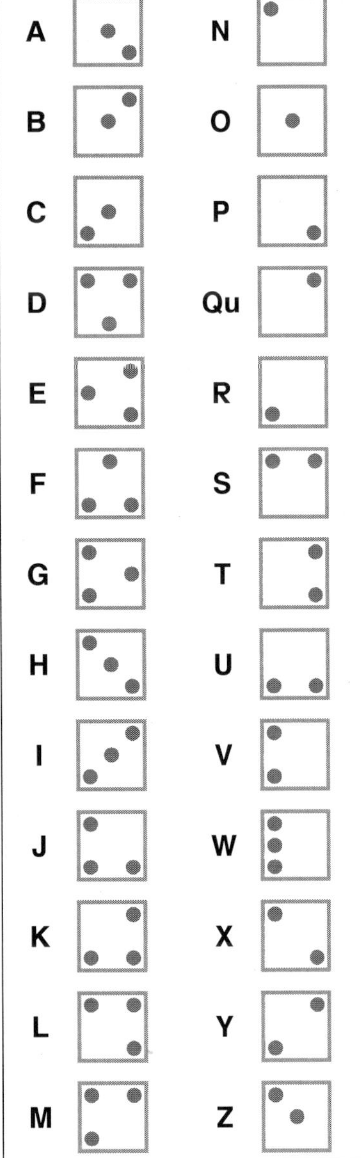

Das Leben zur Zeit Jesu

Zu der Zeit Jesu, vor über 2000 Jahren, waren die Häuser sehr einfach und klein gebaut. Die Wände bestanden aus ________ ________. Diese wurden mit Kies und Lehm vermauert. Meistens hatten sie nur einen einzigen Raum. Die Großfamilien lebten in diesem Raum mit den ________ ________ zusammen. Bei Kälte stopfte man die kleinen Fensteröffnungen mit Stroh und Tüchern aus. Bei Hitze war das flache Dach ein beliebter Schlafplatz.

Zu dieser Zeit aßen die Menschen viel Gemüse, wie zum Beispiel ________ ________, Erbsen und Oliven. Zur Erntezeit gab es aber auch frisches Obst, wie Feigen, Trauben und Datteln. Das Hauptnahrungsmittel war das Brot. Dafür wurde jeden Morgen Mehl zwischen zwei Steinen gemahlen und mit Wasser und Salz vermischt. Von Ziegen und ________ ________ gab es auch Milch.

Aus Schafswolle oder Ziegenhaar wurde Kleidung hergestellt. Männer trugen einen Lendenschutz und darüber ein langes ________ ________.
Auch Frauen trugen ein langes Hemd, das sogar bis zum Knöchel reichte.

Sortiert die Buchstaben.

1	2	3	4	5

RÄTSEL 5

Lest den Zeitungsartikel.
Schneidet die Kreise aus.
Wie heißen die zwölf Apostel?
Schiebt die Kreise richtig zusammen.

Die Lösungsziffer für das Schloss: 

RÄTSEL 5

Karlsbad, 27. Oktober

Jesus und seine Jünger

Religionsprofessor Dr. Reli: „Die Jünger verbreiteten die Ideen Jesu“

Karlsbad. Religionsinteressierte Bürgerinnen und Bürger konnten gestern Abend an einem Vortrag an der Universität Karlsbad zum Thema Jesus teilnehmen. Der Redner, Professor Dr. Reli, nahm dabei vor allem die Jünger Jesu in den Blick. Das Wort Jünger bedeutet auch „Lehrling“. Insgesamt, so Professor Dr. Reli, folgten Jesus 70 oder 72 Jünger. Es waren nicht nur Männer, sondern auch Frauen unter den Jüngern. Diese verbreiteten die Ideen Jesu. Professor Dr. Reli berichtete den aufmerksamen Zuhörern am gestrigen Abend, dass Jesus den Menschen von Gott erzählte und viel umherwanderte. Besonders unterstützten und begleiteten ihn dabei die zwölf Apostel. Das Wort Apostel bedeutet so viel wie „Gesandter“. Die zwölf Apostel waren eng vertraut mit Jesus, er wählte sie als seine persönlichen Botschafter aus. Sie hießen: Simon Petrus, Andreas, Jakobus der Ältere, Johannes, Philippus, Bartholomäus, Thomas, Matthäus, Jakobus der Jüngere, Thaddäus, Simon der Zelot, und Judas. Ein informativer Abend für die Bürgerinnen und Bürger. Dass am Ende mehr Gäste kamen als erwartet, motivierte Professor Dr. Reli, künftig weitere Veranstaltungen zum Thema Jesus anzubieten.

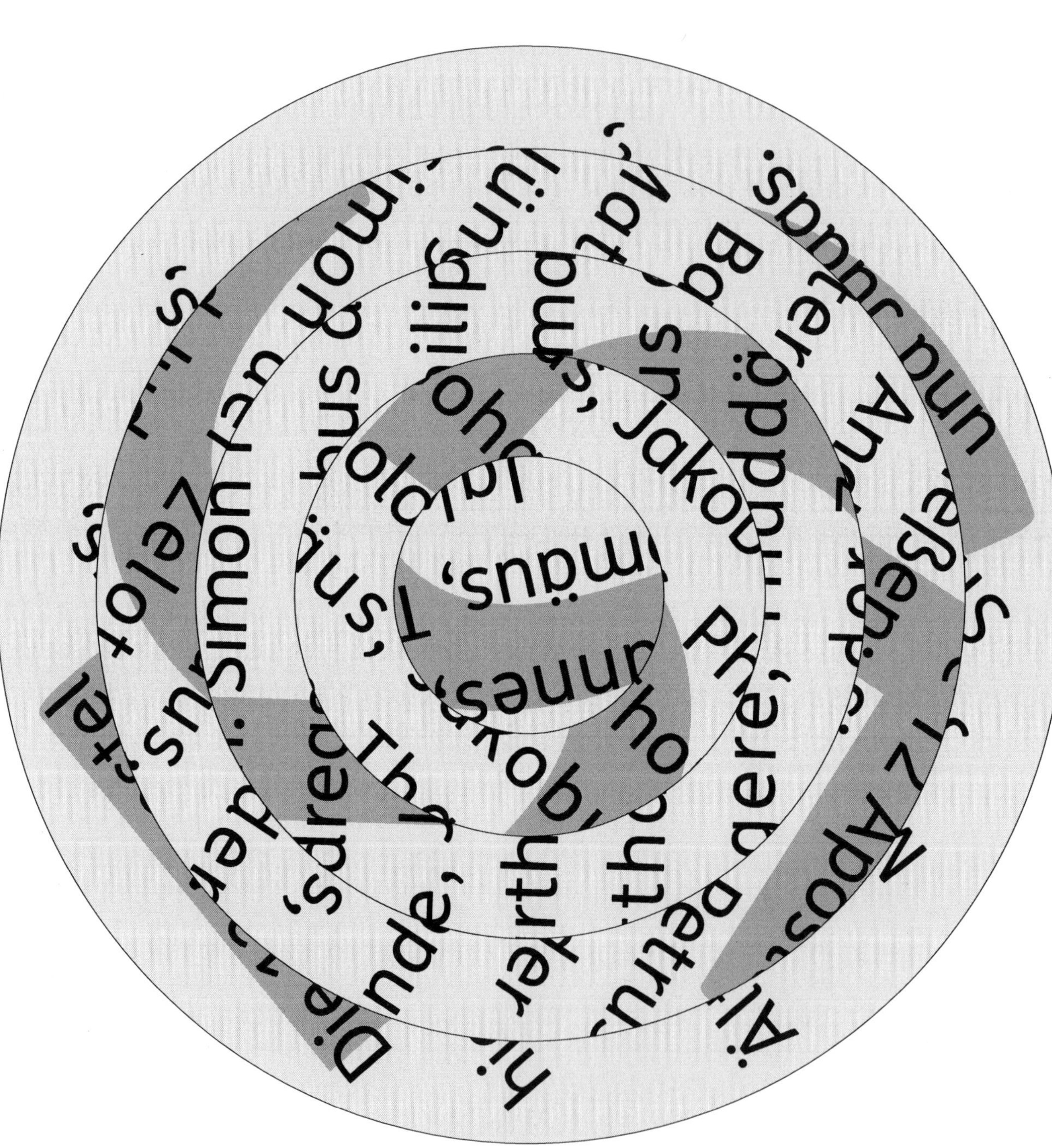

Schaut euch das Plakat an.
Welche Bilder und Überschriften gehören zusammen?
Verbindet sie.
Wo kreuzen sich die Linien?

Die Lösungsziffer für das Schloss: 

ZAHLENSCHLOSS

Habt ihr tatsächlich alle Jesus-Rätsel gelöst?

Dann gebt den Code ein und knackt das Schloss!

Ihr habt euch die Belohnung wirklich verdient.

TIPPS UND LÖSUNGEN

Rätsel 1

Tipps:

- Lest den Text sehr genau. Schaut euch den Streifen an und beginnt mit der 1. Aussage. Ist sie wahr? Dann faltet entlang der Linie. Ist sie falsch? Faltet nicht. Macht nun mit der 2. Aussage weiter usw.
- Ist der Streifen richtig gefaltet, nimmt er die Form der Lösungszahl an.

Zwischenergebnis:

- Wahre Aussagen: 2, 3 und 4
- Falsche Aussagen: 1, 5 und 6

Lösungszahl: 4. Sie ergibt sich aus der Form des gefalteten Streifens.

Rätsel 2

Tipps:

- Beginnt oben rechts mit der Überschrift „Jesus im Tempel".
- Die Ziffern zeigen **nicht** die Reihenfolge an.
- Die Ziffer des übrig gebliebenen Feldes ist die Lösungszahl.

Lösungszahl: 1. Das Feld mit der Nummer 1 bleibt übrig.

Zwischenergebnis:

④ Gottes. Sie bringen Opfergaben, singen, beten und hören den Gelehrten zu, die aus der …	③ **Jesus im Tempel** Jesus ist 12 Jahre alt. Mit seiner Mutter und seinem Vater wohnt er in …
⑤ Nazareth. Es wird Frühling. Die Menschen freuen sich. Zu einem besonderen Fest wollen sie nach Jerusalem reisen. Das …	⑥ Pessachfest erinnert an die Befreiung der jüdischen Menschen aus der Sklaverei in Ägypten. Mit dem Fest danken sie
② „Warum habt ihr mich gesucht? Wisst ihr nicht, dass ich im Haus meines Vaters sein muss?" …	⑩ Jerusalem. Von überall her strömen Menschen in den Tempel, das Haus …
⓪ Gott. Jesus reist das erste Mal mit. Gemeinsam wandert die Familie mit den Nachbarn nach Jerusalem. Der Weg ist weit und gefährlich. Endlich erreichen sie …	⑭ Bibel vorlesen. Jesus ist davon sehr beeindruckt. Nach einer Woche ist das Fest vorbei. Die Familie macht sich auf den
⑧ Gelehrten. Diese sind sehr beeindruckt, wie viel Jesus weiß. Maria und Josef sind erleichtert und …	⑬ froh. Jesus aber wundert sich darüber, dass Maria und Josef sich Sorgen gemacht haben. Er fragt sie: …
⑦ Heimweg. Zunächst fällt ihnen nicht auf, dass Jesus fehlt, denn sie laufen in einer großen Gruppe. Als sie es bemerken, ist es schon …	⑮ Maria und Josef verstehen Jesus Frage nicht und gehen gemeinsam zurück nach Nazareth.
① Das Wort Jünger bedeutet auch Lehrling. Die Jünger Jesus sind also Lehrlinge Jesu.	⑪ Abend. Schnell gehen sie zurück zum Tempel. Dort finden sie Jesus. Er spricht mit …

Rätsel 3

Tipps:

- Die vorgegebenen Buchstaben geben euch einen Hinweis auf die richtigen Namen.
- Jericho und Jerusalem beginnen beide mit J. Welche Beschriftung richtig ist, erkennt ihr an der Größe der Orte.

Zwischenergebnis:

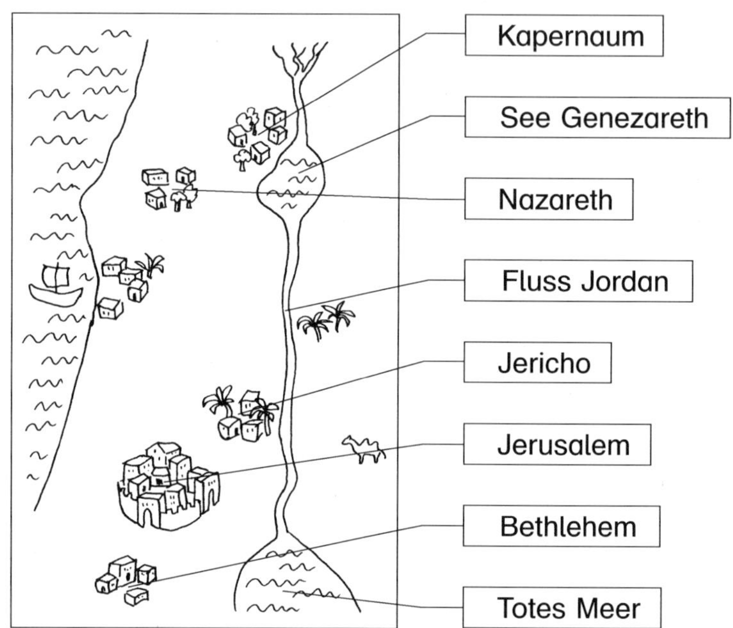

Das übrig gebliebene Wort lautet Babylon.

Lösungszahl: 7.
Das Wort Babylon hat sieben Buchstaben.

Rätsel 4

Tipps:

- Übersetzt die Geheimschrift mithilfe der Tabelle.
- Ein paar Buchstaben sind grau markiert. Richtig sortiert ergeben sie ein Lösungswort.

Zwischenergebnis:

Die übersetzten Wörter lauten: Steinen, Tieren, Linsen, Schafen, Hemd
Die markierten Buchstaben, die das Lösungswort ergeben, lauten: SESCH

Lösungszahl: 6.
Werden die Buchstaben richtig sortiert, ergibt sich das Wort SECHS.

Rätsel 5

Tipps:

- Schneidet die Kreise aus. Setzt sie richtig zusammen.
- Die Namen der zwölf Apostel geben euch einen Hinweis darauf, wie die Kreise richtig gesetzt werden müssen.

Zwischenergebnis:

Die 12 Apostel hießen: Simon Petrus, Andreas, Jakobus der Ältere, Johannes, Philippus, Bartholomäus, Thomas, Matthäus, Jakobus der Jüngere, Thaddäus, Simon der Zelot, und Judas.

Lösungszahl: 5.
Die Zahl wird im Hintergrund sichtbar, wenn die Kreise richtig zusammengesetzt wurden.

Rätsel 6

Tipps:

- Verbindet die Texte mit den passenden Bildern. Nehmt dazu am besten ein Lineal.
- Erkennt ihr Zachäus auf dem Baum?

Lösungszahl: 8.
Wenn die Überschriften und Bilder richtig miteinander verbunden sind, kreuzen sich die Verbindungslinien bei der Ziffer 8.

Zwischenergebnis:

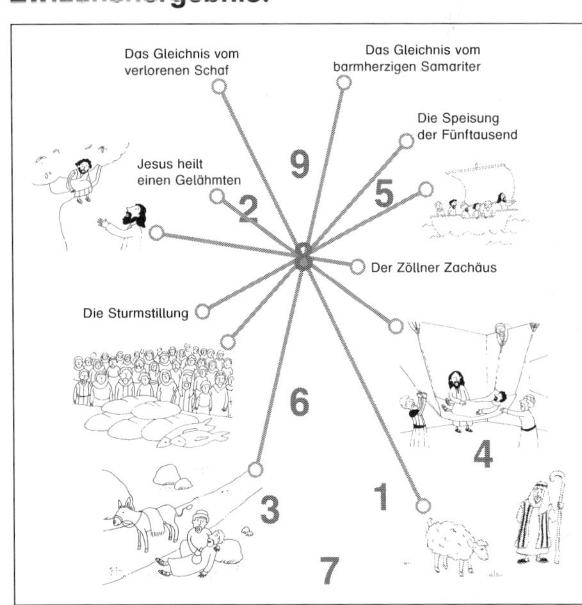

Zahlenschloss

Der Code für das Zahlenschloss lautet:

417658

Mose hinter verschlossenen Türen

Hinweise zur Vorbereitung und Durchführung

Die Gruppen erfahren durch die vorgelesene Geschichte, dass sie Rätsel zum Thema ***Mose*** im Team lösen müssen, um aus dem Keller des Pfarrhauses zu entkommen, in dem sie eingesperrt sind. Das EduBreakout umfasst insgesamt *sechs Rätsel.*
Zur Belohnung erhält jedes Kind eine *Urkunde* und eine *Bastelvorlage für ein Mose-Leporello*, das von den Schülerinnen und Schülern gestaltet werden kann.
Für die Cäsar-Scheibe im Rätsel 4 benötigt zudem jede Gruppe eine *Musterklammer*. Die Kästchen im Flammenbild (Rätsel 3) sollten vorab von der Lehrkraft ausgeschnitten werden, da dies für Kinderhände zu filigran sein könnte.

Geschichte

Eine kleine Gruppe von euch ist heute bei Pfarrer Thomas eingeladen. Ihr wollt ein Referat über Mose halten und habt ihn um Hilfe gebeten. Gerne ist er bereit, euch sein Wissen über sein Lieblingsthema Mose zu vermitteln. Zur vereinbarten Zeit trefft ihr am Pfarrhaus ein. In manchen Fenstern brennt Licht. Ihr klingelt, doch niemand öffnet. Auch nach einem erneuten Klingeln und Klopfen macht euch niemand die Tür auf. Was war das? War das nicht eine Bewegung hinter den Gardinen? Ihr schleicht um das Haus – vielleicht gibt es noch einen anderen Eingang. An der anderen Hausseite entdeckt ihr eine offen stehende Luke in den Keller. Sollt ihr hineinsteigen? Nach kurzem Zögern klettert ihr die Stufen hinunter. RUMS! – Hinter euch fällt die Luke zu. Eilig versucht ihr, sie wieder zu öffnen. Doch vergeblich – sie bleibt fest verschlossen. Vorsichtig tastet ihr euch im dunklen Keller voran. Zum Glück findet ihr einen Lichtschalter neben der Tür. Dort steckt ein Zettel:

Liebe Finder des Zettels,

ihr seid im Keller eingesperrt. Nur kluge Köpfe, die die Geschichte von Mose gut kennen, können die Rätsel lösen, die hier im Keller versteckt sind. Habt ihr die Rätsel richtig gelöst, erhaltet ihr den sechsstelligen Code für die Kellertür. Aber ihr müsst euch beeilen, der Code ist nur eine Stunde gültig. Danach verschließt sich die Tür für immer. Viel Erfolg!

Die Rätsel wollt ihr unbedingt lösen. Aber ihr müsst euch beeilen, euch bleibt nicht viel Zeit.

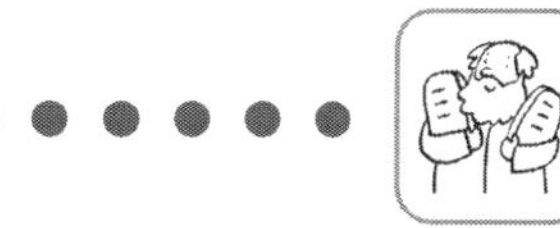

Ende der Geschichte

Nacheinander gebt ihr die Zahlen im Feld ein. Das Schloss öffnet sich mit einem Klick. Ihr seid frei! Vorsichtig öffnet ihr die Kellertür. Hinter der Tür steht Pfarrer Thomas und lacht: „Na, Kinder, habt ihr jetzt genug Wissen für euer Referat zusammengetragen?“

Mose-Leporello

Male die Bilder an und gestalte das Deckblatt passend.
Schneide die Vorlage aus.
Klebe die Leporelloseiten zu einem Streifen zusammen.
Falte das Leporello.

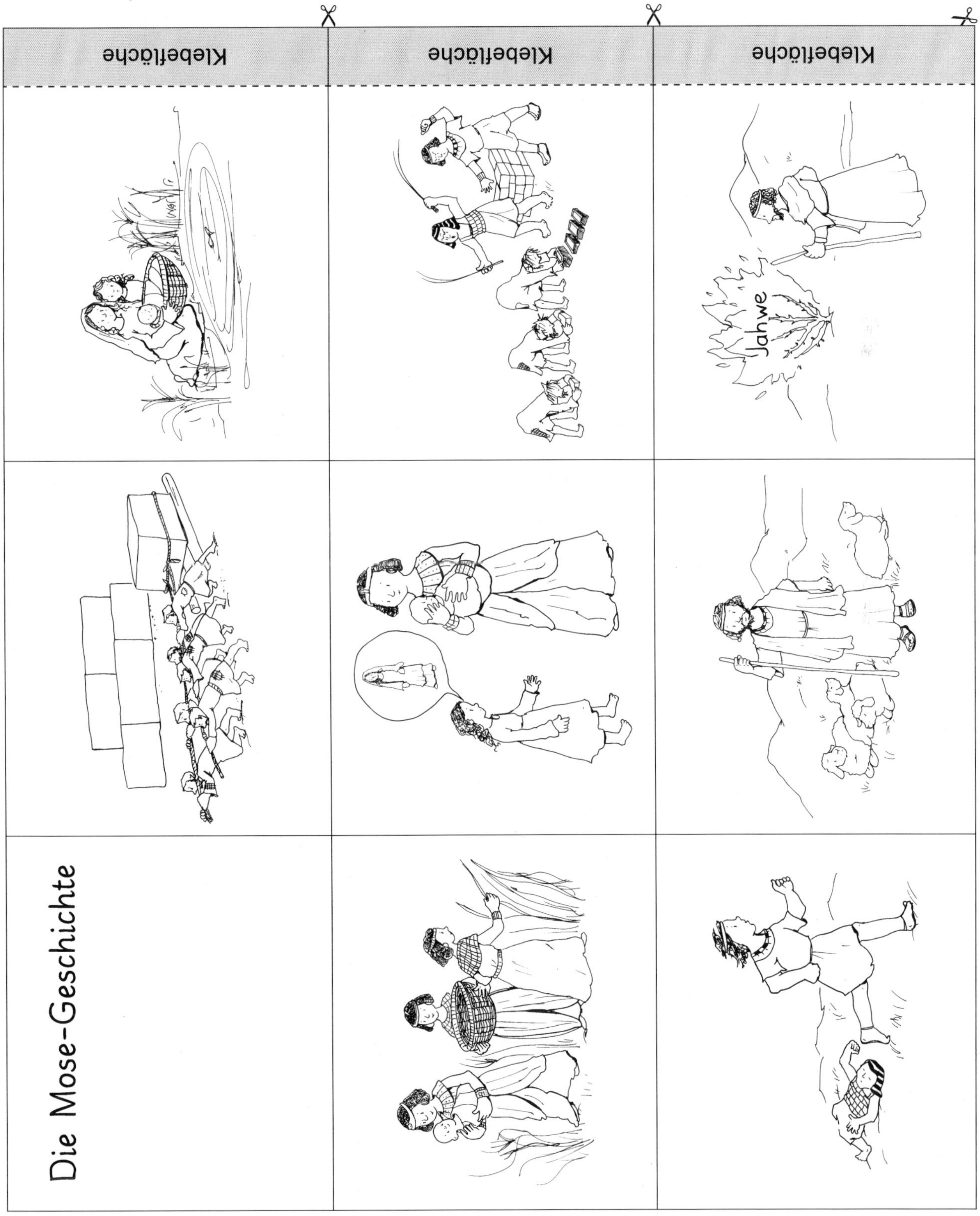

Klebefläche

Klebefläche

Klebefläche

Jahwe

Die Mose-Geschichte

BELOHNUNG (2)

Klebefläche

Klebefläche

RÄTSEL 1

Löst das Kreuzworträtsel.

Die Lösungsziffer für den Türcode: 

RÄTSEL 1

Am Berg Sinai angekommen, steigt Mose auf den Berg. Er bekommt von Gott die Zehn Gebote. Sie lauten:

1. Du sollst nicht andere … haben neben mir.
2. Du sollst dir kein … von Gott machen.
3. Du sollst den … Gottes nicht missbrauchen.
4. Du sollst am … Tag ruhen.
5. Du sollst deinen Vater und deine … ehren.
6. Du sollst … töten.
7. Du sollst nicht … brechen.
8. Du sollst … stehlen.
9. Du sollst nicht falsch … deinen Nächsten aussagen.
10. Du sollst nicht begehren deines … Hab und Gut.

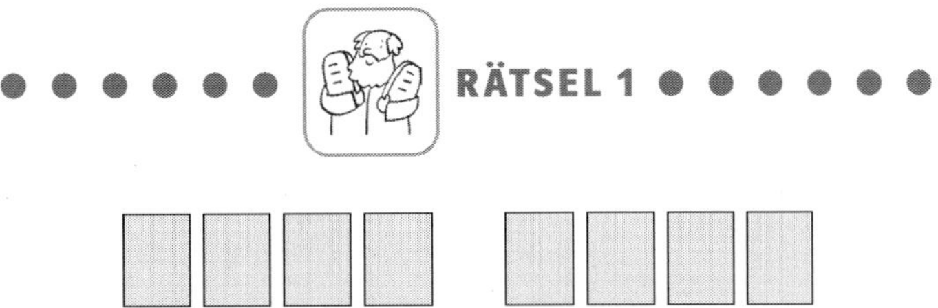

RÄTSEL 1

RÄTSEL 1

1

2

3

4

5

6

7

8

9

10

RÄTSEL 2

Schaut euch das Plakat an.
Welche Bilder und Überschriften gehören zusammen?
Verbindet sie.
Was bleibt übrig?

Die Lösungsziffer für den Türcode: 

RÄTSEL 2

Die zehn Plagen

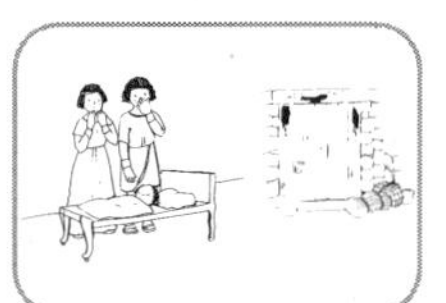

1. Blut im Nil ◯

8. Heuschrecken ◯ 3. Stechmücken ◯ 7. Hagel ◯

5. Viehsterben ◯

2. Frösche ◯

4. Ungeziefer ◯

9. drei Tage Finsternis ◯

10. Tod der Erstgeborenen ◯

6. Geschwüre ◯

RÄTSEL 2

Addiert die übrig gebliebenen Ziffern:

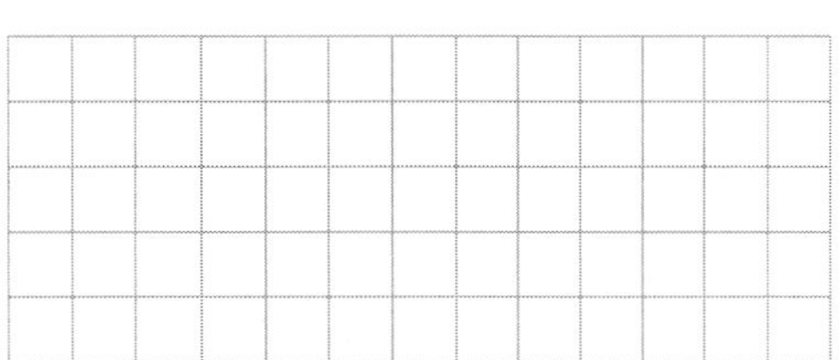

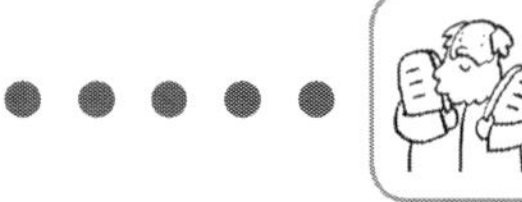

RÄTSEL 3

Lest den Text.
Schneidet die Flamme aus.
Die Lösungsziffer für den Türcode:

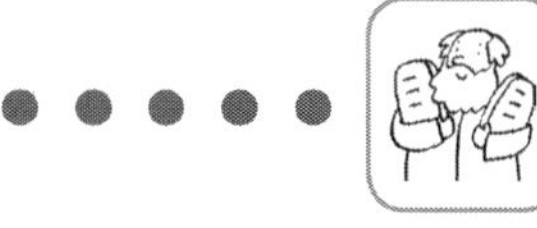

RÄTSEL 3

Mose wächst im Palast auf. Als er sieht, wie schlecht die Israeliten behandelt werden, wird er wütend. Er erschlägt einen Aufseher. Der Pharao will ihn daraufhin töten lassen und er muss fliehen. Er flieht nach Midian. Dort hütet er Schafe. Er ist nun ein Hirte und heiratet Zippora.

Eines Tages sieht Mose in der Nähe ein Feuer. Ein Dornbusch hat Feuer gefangen. Mose bemerkt, dass der Busch brennt – aber nicht verbrennt. Wie war das möglich? Plötzlich spricht Gott aus dem Busch zu Mose. Er gibt ihm einen Auftrag.

Mose soll sein Volk aus der Sklaverei befreien und aus Ägypten holen. Er soll die Israeliten ins Gelobte Land führen. Mose sagt: „Ich? Ich kann das nicht. Ich habe jemanden getötet. Ich kann nicht zurück nach Ägypten." Gott spricht: „Mose, vertraue mir! Ich werde bei dir sein! Ich bin immer da für dich!" Mose fragt Gott nach seinem Namen. Gott antwortet: „Ich bin der ‚Ich-bin-da'."

RÄTSEL 3

Lest den Text.
Schneidet die Cäsar-Scheibe aus und setzt sie richtig zusammen.
Könnt ihr die Geheimzeichen entschlüsseln?

Die Lösungsziffer für den Türcode: 

Das Leben in Ägypten

Zu der Zeit, in der Mose geboren wurde, mussten die Israeliten in Ägypten als Sklaven schwere Arbeiten verrichten. Ihr Leben hatte keinen Wert und sie hatten keine Rechte. Immer wieder wurden sie geschlagen, wenn sie zu langsam arbeiteten. Sie mussten Lehm kneten und Ziegelsteine formen oder auf dem Feld arbeiten.
Der wichtigste Mann im alten Ägypten war der Pharao. Er war der König und ihm gehörte das ganze Land – auch die Menschen. Man konnte nur Pharao werden, wenn der Vater auch Pharao war. Man wurde also hineingeboren.
Mose wächst im Palast des Pharaos auf. Hier lernt er lesen und schreiben. In Ägypten schrieb man zu dieser Zeit in Hieroglyphen. Das sind Schriftzeichen, die aus Bildern bestehen.

RÄTSEL 4

Lösungssatz:

☐☐☐☐☐ ☐☐☐ ☐☐☐☐

Cäsar-Scheibe

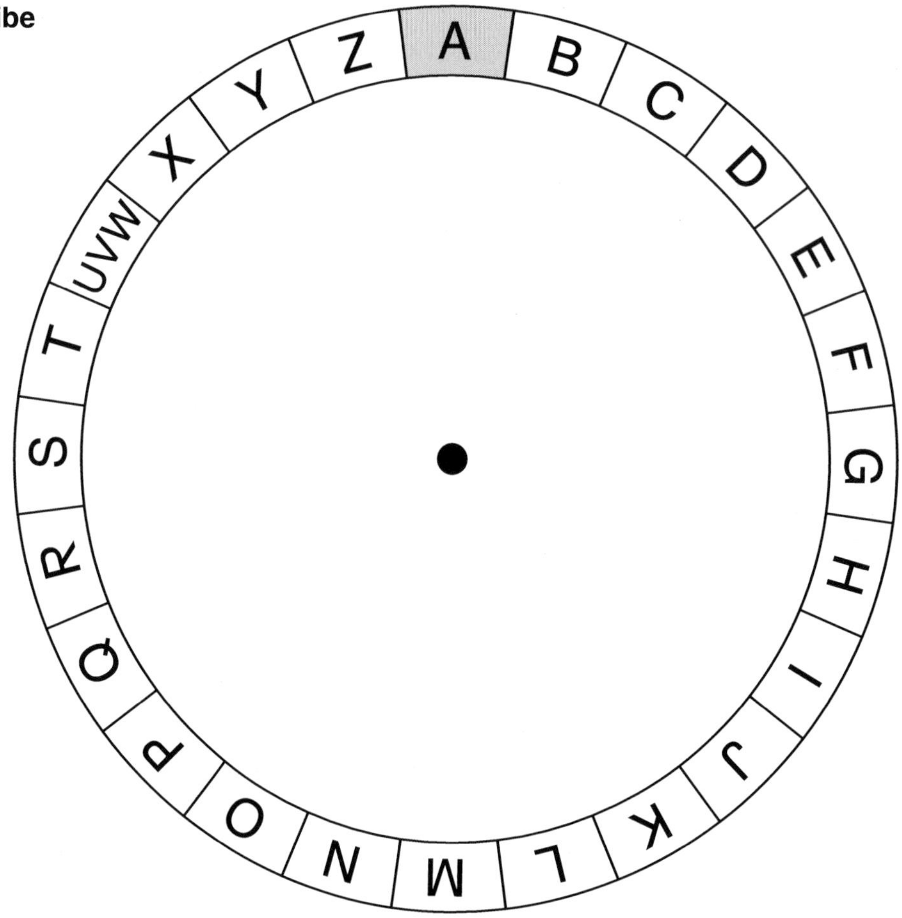

A B C D E F G H I J K L M N O P Q R S T UVW X Y Z

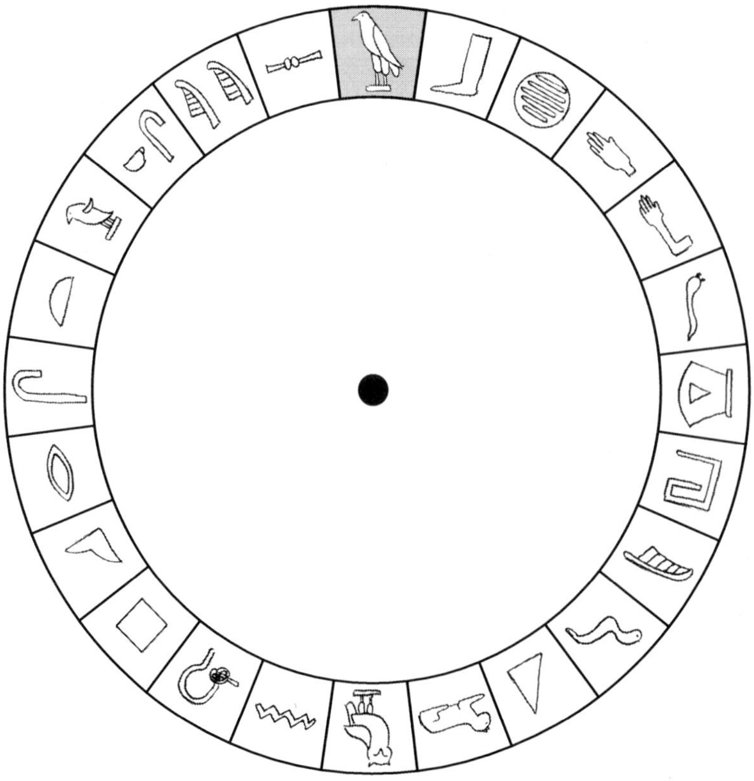

Lest die Textabschnitte.
Welche Reihenfolge ist richtig?

Die Lösungsziffer für das Schloss: 

RÄTSEL 5

Der Lösungssatz:

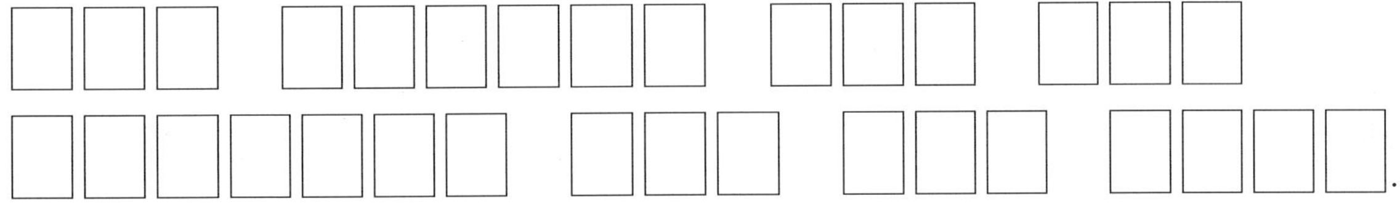

zurückholen, denn es fehlt an Sklaven. Er schickt seine Männer. Die Israeliten können nicht fliehen, denn sie stehen an einem Meer. Sie haben große Angst. Mose …	DIE
teilt das Meer mit seinem Stab und die Israeliten können fliehen. Am Berg Sinai angekommen, steigt Mose auf den Berg. Er bekommt von Gott …	FÜ
weigert sich, die Israeliten gehen zu lassen. Gott schickt zehn Plagen über Ägypten: 1. Blut im Nil, 2. Frösche, 3. Stechmücken, 4. Ungeziefer, 5. Viehsterben, …	SCHL
dass die Jungen als Babys getötet werden sollen. Die Israelitin Jochebed versteckt ihren Sohn zuerst. Als dies nicht mehr geht, hat die Schwester des Jungen Mirjam eine Idee. Sie …	ZIF

die Zehn Gebote. Die Israeliten müssen noch 40 Jahre durch die Wüste ziehen, dann kommen sie in Kanaan an – dem Gelobten Land.

die Israeliten gehen. Die Israeliten nehmen alles, was sie besitzen, und ziehen durch die Wüste. Gott zeigt ihnen mit einer Wolkensäule den Weg. Der Pharao will die Israeliten …

Die Mosegeschichte (nach Ex 2 – Ex 22)

In Ägypten leben viele Israeliten. Als Sklaven müssen sie für den Pharao arbeiten. Weil der Pharao Angst vor den vielen Israeliten hat, befiehlt er, …

„Sohn". Mose wächst im Palast auf. Als Mose sieht, wie schlecht die Israeliten behandelt werden, wird er wütend und erschlägt einen Aufseher. Mose muss daraufhin fliehen. Er flieht nach Midian und hütet dort Schafe. Er ist nun ein Hirte und kein Prinz mehr. Er heiratet Zippora. Eines Tages sieht Mose …

einen brennenden Dornbusch. Er brennt, aber der Busch verbrennt nicht. Gott spricht aus dem Busch zu ihm. Gott sagt: „Ich bin der Ich-bin-da". Mose soll sein Volk aus Ägypten holen. Gott gibt Mose einen Stab. Mose geht zurück nach Ägypten. Zusammen mit seinem Bruder Aaron gehen sie zum Pharao. Der Pharao …

6. Geschwüre, 7. Hagel, 8. Heuschrecken, 9. drei Tage Finsternis und 10. Tod der Erstgeborenen. Als auch der älteste Sohn des Pharaos stirbt, lässt der Pharao …

legt ihn in ein Weidenkörbchen und setzt es in den Nil. Die Tochter des Pharaos ist mit ihren Dienerinnen am Fluss. Sie findet das Baby im Weidenkörbchen und nimmt den Jungen zu sich. Sie nennt ihn Mose. Mose bedeutet …

RÄTSEL 6

Lest euch die Fragen durch.
Umkreist die Buchstaben der richtigen Antworten.

Die Lösungsziffer für den Türcode: 

RÄTSEL 6

3. Wo zeigt sich Gott Mose zum ersten Mal?

   in der Wüste **H**

   am Wasser des Roten Meeres **K**

   im brennenden Dornbusch **E**

6. Wie viele Jahre zogen die Israeliten durch die Wüste?

   40 **N**

   50 **R**

   41 **S**

5. Wo erhielt Mose die Zehn Gebote?

   am Schilfmeer **R**

   am Roten Meer **N**

   am Berg Sinai **E**

1. In welchem Land wurde Mose geboren?

   Israel **P**

   Ägypten **S**

   Türkei **T**

4. Wie lautet die fünfte Plage?

   Hagel **T**

   Viehsterben **B**

   Heuschrecken **L**

2. In welchem Fluss wurde Mose ausgesetzt?

   Nil **I**

   Kongo **S**

   Sambesi **U**

TÜRSCHLOSS

Ihr habt alle Rätsel gelöst und bewiesen, dass ihr Mose-Experten seid?

Gebt den 6-stelligen Code ein!

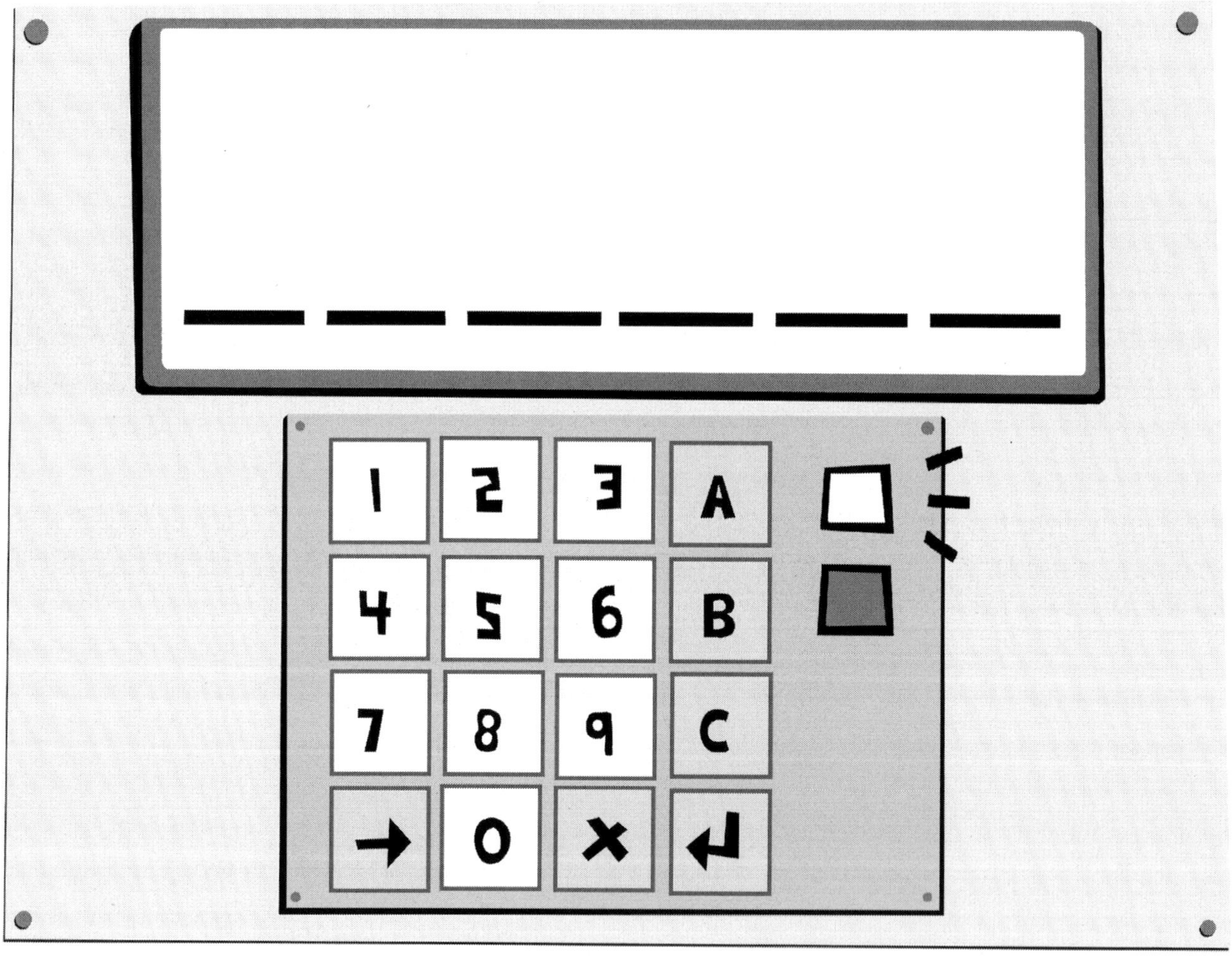

TIPPS UND LÖSUNGEN

Rätsel 1

Tipps:

- Ihr seid euch nicht sicher? Ihr könnt zum Beispiel hier schauen: www.auerbase.de/get-link/549
- Schaut euch die markierten Buchstaben bei den Lösungswörtern genau an. Sie ergeben in der angegebenen Reihenfolge Lösungswörter.

Zwischenergebnis:

1	G	Ö	T	T	**E**	R				
2				B	**I**	L	D	N	I	S
3					**N**	A	M	E	N	
4			S	I	**E**	B	T	E	N	
5		M	U	T	**T**	E	R			
6				N	**I**	C	H	T		
7					**E**	H	E			
8				N	**I**	C	H	T		
9	G	E	G	E	**N**					
10	N	Ä	C	H	**S**	T	E	N		

Lösungszahl: 1.
Die markierten Buchstaben in der angegebenen Reihenfolge ergeben: EINE EINS.

Rätsel 2

Tipps:

- Verbindet die Texte mit den passenden Bildern.
- Zwei Überschriften bleiben übrig.
- Sie sind nummeriert. Die beiden Ziffern werden addiert.

Zwischenergebnis:

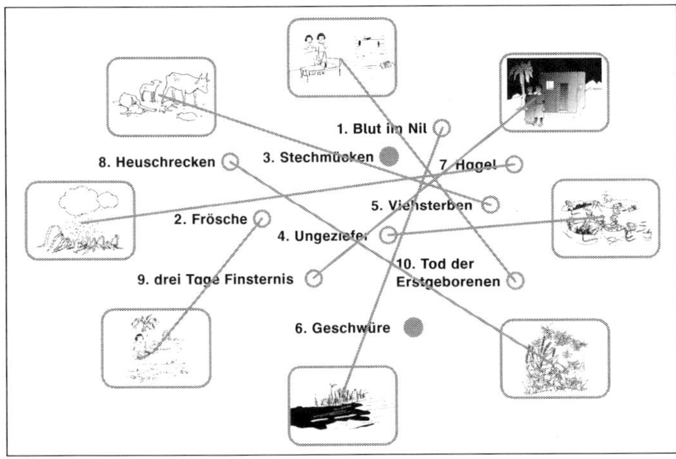

Lösungszahl: 9.
Sie ergibt sich aus der Addition der Ziffern der übrig gebliebenen Überschriften 3 und 6.

Rätsel 3

Tipps:

- Legt die Flamme auf den Text.
- Legt die Flamme so auf den Text, dass der untere Schatten der Flamme genau auf dem Schatten im Textkasten liegt.

Zwischenergebnis:

- Wenn die Schablone richtig auf den Lesetext gelegt wurde, werden vier Buchstaben sichtbar.
- Die Buchstaben lauten: E V I R

Mose wächst im Palast auf. Als er sieht, wie schlecht die Israeliten behandelt werden, wird er wütend. Er erschlägt einen Aufseher. Der Pharao will ihn daraufhin töten lassen und er muss fliehen. Er flieht nach Midian. Dort hütet er Schafe. Er ist nun ein Hirte und heiratet Zippora.

Eines Tages sieht Mose in der Nähe ein Feuer. Ein Dornbusch hat Feuer gefangen. Mose bemerkt, dass der Busch brennt – aber nicht verbrennt. Wie war das möglich? Plötzlich spricht Gott aus dem Busch zu Mose. Er gibt ihm einen Auftrag. Mose soll sein Volk aus der Sklaverei befreien und aus Ägypten holen. Er soll die Israeliten ins Gelobte Land führen. Mose sagt: „Ich? Ich kann das nicht. Ich habe jemanden getötet. Ich kann nicht zurück nach Ägypten." Gott spricht: „Mose, vertraue mir! Ich werde bei dir sein! Ich bin immer da für dich!" Mose fragt Gott nach seinem Namen. Gott antwortet: „Ich bin der ‚Ich-bin-da'."

Lösungszahl: 4. Sie ergibt sich aus der richtigen Reihenfolge der Lösungsbuchstaben.

Rätsel 4

Tipps:

- Übersetzt die Geheimschrift mithilfe der Cäsar-Scheibe.
- Ein paar Buchstaben sind grau markiert. Sie gehören zusammen.

Zwischenergebnis:

Die Übersetzung des Satzes lautet:
Nehmt die Drei.

N E H M T D I E D R E I

Lösungszahl: 3. Sie ergibt sich aus dem übersetzten Satz.

Rätsel 5

Tipp:

- Beginnt mit der Karte, die die Überschrift der Geschichte trägt.
- Legt dann passende Satzenden an.
- Die Buchstaben, die am rechten Rand der Textstreifen notiert sind, ergeben einen Lösungssatz.

Zwischenergebnis:

Sind die Texte richtig aneinandergelegt, ergeben die Buchstaben den folgenden Satz: DIE ZIFFER FÜR DAS SCHLOSS IST DIE FÜNF.

Lösungszahl: 5

Rätsel 6

Tipps:

- Die Buchstaben bei den richtigen Antworten ergeben ein Wort.
- Die Buchstaben müssen richtig sortiert werden.

Zwischenergebnis:

1. In welchem Land wurde Mose geboren?
   Ägypten (S)
2. In welchem Fluss wurde Mose ausgesetzt?
   Nil (I)
3. Wo zeigt sich Gott Mose zum ersten Mal?
   im brennenden Dornbusch (E)
4. Wie lautet die fünfte Plage?
   Viehsterben (B)
5. Wo erhielt Mose die Zehn Gebote?
   am Berg Sinai (E)
6. Wie viele Jahre zogen die Israeliten durch die Wüste?
   40 (N)

Lösungszahl: 7. Liest man die Buchstaben der richtigen Antworten, ergeben sie das Wort SIEBEN.

Türschloss

Der Code für das Türschloss lautet:

194357

KARTEN ZUR GRUPPENEINTEILUNG

INFORMATIONEN FÜR DIE SPIELTEAMS

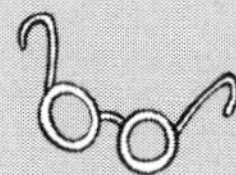

Rätsel genau lesen!

Lest die Rätselseiten und die Aufgaben ganz genau! Sie enthalten Hinweise.

Im Team arbeiten!

Arbeitet im Team. Jede und jede kann etwas besonders gut.
Teilt das Team auf:

- Wer übernimmt die Schreibaufgaben und notiert die Zwischenergebnisse und Lösungen?
- Wer holt Tipps bei der Lehrkraft oder zeigt das Ergebnis?
- Wer ist die Zeitwächterin/der Zeitwächter und hat die Uhr im Blick?
- Wer ist Materialverwalterin/Materialverwalter und hat alle Unterlagen im Blick?

Fertige Rätsel der Lehrkraft zeigen!

Tragt die Lösung auf der Vorlage ein und zeigt sie der Lehrkraft.

Habt ihr ein Rätsel richtig gelöst, bekommt ihr von der Lehrkraft ein neues Rätsel.

INFORMATIONEN FÜR DIE SPIELTEAMS

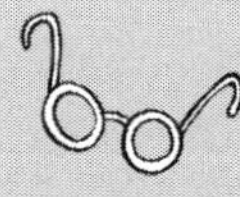

Rätsel genau lesen!

Lest die Rätselseiten und die Aufgaben ganz genau! Sie enthalten Hinweise.

Im Team arbeiten!

Arbeitet im Team. Jede und jede kann etwas besonders gut.
Teilt das Team auf:

- Wer übernimmt die Schreibaufgaben und notiert die Zwischenergebnisse und Lösungen?
- Wer holt Tipps bei der Lehrkraft oder zeigt das Ergebnis?
- Wer ist die Zeitwächterin/der Zeitwächter und hat die Uhr im Blick?
- Wer ist Materialverwalterin/Materialverwalter und hat alle Unterlagen im Blick?

Fertige Rätsel der Lehrkraft zeigen!

Tragt die Lösung auf der Vorlage ein und zeigt sie der Lehrkraft.

Habt ihr ein Rätsel richtig gelöst, bekommt ihr von der Lehrkraft ein neues Rätsel.

URKUNDE

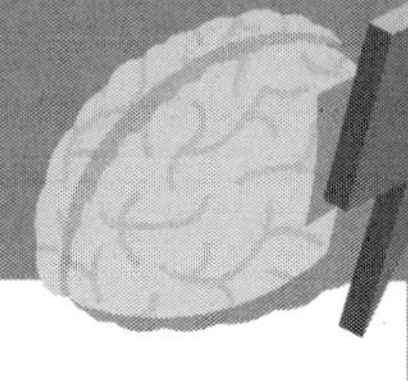

NAME DES KINDES

hat am ___ . ___ . ______

das Rätsel

NAME DES BREAKOUTS

erfolgreich gelöst

und ist damit Breakout-Expertin / Breakout-Experte.

BENÖTIGTE TIPPS

ZEIT BIS ZUM ENTKOMMEN

STRAFMINUTEN (EINE PRO TIPP)

ENDZEIT